高校财务管理创新研究

马 娱 李佩文 郝晏柔◎著

中国出版集团 现代出版社

图书在版编目（CIP）数据

高校财务管理创新研究 / 马娱，李佩文，郝晏柔
著. -- 北京 ： 现代出版社，2023.5
ISBN 978-7-5231-0300-5

Ⅰ．①高… Ⅱ．①马… ②李… ③郝… Ⅲ．①高等学
校－财务管理－研究－中国 Ⅳ．①G647.5

中国国家版本馆CIP数据核字（2023）第072083号

高校财务管理创新研究

作　　者	马　娱　李佩文　郝晏柔	
责任编辑	李　昂	
出版发行	现代出版社	
地　　址	北京市朝阳区安外安华里504号	
邮　　编	100011	
电　　话	010-64267325　64245264(传真)	
网　　址	www.1980xd.com	
电子邮箱	xiandai@cnpitc.com.cn	
印　　刷	北京四海锦诚印刷技术有限公司	
版　　次	2023年5月第1版　2023年5月第1次印刷	
开　　本	185 mm×260 mm　1/16	
印　　张	11.75	
字　　数	278千字	
书　　号	ISBN 978-7-5231-0300-5	
定　　价	58.00元	

前　言

在经济全球化、高等教育国际化背景下，高校的财务工作与人才培养、科学研究、社会服务等各项中心工作一样，其地位和作用越来越重要，并从高等教育管理的边缘逐渐走向高等教育管理的核心。伴随着当前我国社会的发展，教育教学体制的改革日渐深化，当前高校财务管理也迎来了不断的改革与创新，从而保证其能够适应新时代下高校的发展需求。高校在财务管理方面的改革与创新需要从管理体制、管理理念、管理内容以及运行模式等方面进行转变，从而促进我国高等教育事业的发展。

本书是高校财务管理创新研究方向的著作，本书从高校财务管理概述介绍入手，针对高校财务管理的背景、高校财务管理的目标、高校财务管理创新的必要性进行了分析研究；另外，对高校财务管理系统构建、高校预算管理创新、高校财务成本与资产管理创新、高校财务绩效管理创新做了一定的介绍；还剖析了高校财务风险控制与会计人员管理创新等内容；旨在摸索出一条适合高校财务管理工作创新的科学道路，帮助其工作者在应用中少走弯路，运用科学方法，提高效率。对高校财务管理创新研究有一定的借鉴意义。

在本书的策划和编写过程中，参阅了国内外有关的大量文献和资料，从中得到了启示；同时也得到了有关领导、同事、朋友及学生的大力支持与帮助。在此致以衷心的感谢。本书的选材和编写还有一些不尽如人意的地方，加上编者学识水平和时间所限，书中难免存在缺点，敬请同行专家及读者指正，以便进一步完善提高。

目 录

第一章　高校财务管理概述

第一节　高校财务管理的背景

一、我国高等教育财政政策概况

研究高校财务管理问题就需要了解我国高等教育的财政政策情况，这是高校财务管理的政策支持，是其改革和发展的重要背景。在复杂的经济环境下，掌握财政政策是高校开展科学财务管理的基本前提。

（一）我国高等教育的财政来源

我国的高等教育财政体制与行政管理体制和财政管理体制之间具有紧密联系。需要注意的是，这里所说的高等教育行政管理体制是指宏观意义上的管理体制，也就是说不包括学校内部的管理体制；高等教育的财政管理体制强调事权与财权的有机统一，在高等教育财务管理中发挥着重要作用。从国家管理的高度来看，国家行政管理体制中包含了高等教育管理体制，并且该体制随着我国社会发展不断更新和改革。在 20 世纪 50 年代后，我国高等教育管理体制先后经历了条块分割时期和两级管理，以省为主时期及教育成本分担时期。

1. 条块分割时期

20 世纪 50 年代后，我国开始实行计划经济体制，这是由中央统一管理的高度集中的经济体制，针对不同行业，中央设立了很多管理部门。基于该项经济体制，为了加强人才培养，各管理部门专门设立了为本部门输送人才的高校，如交通大学和铁道学院就是原铁道部为了培养专业人才设立的高校，这些高校会根据行业发展的实际需要培养相应的人才。地方政府按照属地原则管理本地高校，同时还需要适应当地发展需要适当地在本地开设高校。从整体上看，中央各部门所属和地方所属的高校并存，中央各部门和地方政府按照规定对自己管理范围内的高校进行管理。我们将中央各部门所属的高校称作"条"，将地方所属的高校称作"块"，所以该时期是高校管理的条块分割时期。在当时这种管理体制下，管理者负责自己管辖高校的投资事项，并且不向学生收取学费，同时还需要为困难学生提供较大数额的助学金，以此维持贫困学生的基本学习和生活。教育经费列入国家预算，对高校进行统一领导，由中央、省（自治区、直辖市）、市、县分级管理，可以看出这个时期的高校财政来源单一；在大学生毕业后通常也会直接进入"对口行业"或者在相应地区开始工作，就业选择比较少。同时，高校会向自己的主管部门提出科研计划，从主管部门获得科研经费开展相应的科学研究。

由于当时我国实行的是计划经济体制，而条块分割的高等教育管理体制可以适应这种经济体制，这就决定了我国高等教育当时必须实行条块分割的高等教育管理体制。一方面，在这种高等教育管理体制下，高校可以为各行业和地区输送大量高素质人才，开展具有针对性的科学研究，有效地推动各个行业和地区的发展；另一方面，这种管理体制存在显著缺陷，高校缺乏办学自主性，导致高等教育经常出现部门分割、重复建设和效益低下等问题。之后我国逐渐建立了社会主义市场经济体制，在这种体制下，条块分割的高等教育管理体制明显无法适应，这就要求我国高等教育管理体制必须做出改变，改革势在必行。

2. 两级管理，以省为主时期

随着社会的进步，我国各个行业和领域都发生了变化，高等教育领域也不例外。根据《中华人民共和国教育法》《国务院关于〈中国教育改革和发展纲要〉的实施意见》《中华人民共和国高等教育法》以及《中共中央国务院关于深化教育改革，全面推进素质教育的决定》等法律、法规和文件的精神，我国自20世纪90年代初开始对高等教育管理体制进行改革，并将"共建、调整、合作、合并"作为体制改革的主要方式，我国实行高等教育管理体制改革是为了实现"由中央和省两级管理，以省统筹为主"的管理目标，管理体制改革的关键在于高校的重新布局、结构重组、中央与地方的职责分工、政府与高校关系重铸等，这些问题都会对我国高等教育发展造成重要影响，由于人才对社会具有重要意义，高等教育管理体制的改革也直接影响社会的进步和发展。

我国高等教育财政经过了改革与调整后，除中央所属高校外，形成了中央和省级人民政府两级管理、以省级人民政府管理为主的新体制。在新体制下，省级政府对全省高等教育进行统一管理，针对高等教育的规模、结构、布局等进行宏观调控和管理，从而实现更合理的教育资源配置。继 20 世纪 90 年代初的高等教育管理体制改革后 21 世纪初我国再次对高等教育管理体制进行改革，并且这是改革力度最大、调整学校最多的一次改革调整活动。在此次改革中，通过高校合并的方式减少了高校数量，对于一些省份重复单科性高校过多、办学规模效益低的状况进行改善，同时对当时的高校布局结构进行了适当调整。自此以后，我国高校管理体制仍然随着社会发展不断改革和调整，管理体制日益完善，高校布局日趋合理，很多高校办学中存在的显著问题被解决，还充分调动各地政府的办学积极性，推动教育资源的优化配置，扩大办学规模，提高高等教育的质量和效益，同时还提高了高校办学的自主权，在这样的环境下，我国高等教育不断发展并持续改革。高等教育两级管理制度是以省为主的管理体制，这种管理体制主要有两个特点：第一，高校管理由政府主导；第二，遵循事权与财权相统一的原则，高等教育财政资源配置位置中心下移，这是指省级政府在保障和促进高等教育发展方面相较以前承担更多的财政责任。

实际上，我国财政管理体制可以从某些方面影响高等教育的财政管理体制。20 世纪 90 年代中期我国开始实行中央和地方的财政分税制，这种制度有效地实现了财政分权，具体来说，就是通过明确政府间的职责、硬化地方财政预算约束的方式，更好地管理国家财政。实行财政分权，实际上就是明确划分中央政府和地方政府的职责与权力，通过这种方式改善信息不对称的问题，以此有效促进资源更优配置，实现社会福利最大化。通过建立分税制的财政分权体制，可以有效调动地方政府加大教育投资的积极性，这就可以为我国高等教育的健康发展提供重要条件。同时，我国近年来十分重视教育投资和建设，各省级政府为了响应中央的号召确实在实践中优先发展。21 世纪初，地方政府的教育投资不断增加，并且教育财政支出在总财政支出中所占比例也始终居于首位，由此可以看出新制度对高等教育发展的推动作用。

3. 教育成本分担时期

随着社会的进步，政府越来越重视教育，各级政府加大对教育行业的投资，我国高等教育在这样的背景下获得了越来越丰富的财政来源。发生这种变化是中国社会发展的必然结果，教育成本分担机制与我国多种所有制经济共同发展的经济体制相适应，同时这也是国民收入分配格局变化、政府财政收入在国民生产总值中的比例减少以及家庭和企业所占的份额相对增加引起的必然结果。随着我国社会的发展和变革，高等教育财政来源越来越丰富。除了政府财政投入外，还有事业收入、上级补助收入、附属单位上缴收入、经营收入和其他收入。

讨论高等教育财政来源多样化就需要研究教育成本分担，教育成本分担改变了传统的教育财政来源结构，社会各界逐渐成为高等教育财政分担主体，也就是将"谁受益谁负担"的市场经济原则作为基础依据，确定不同主体在教育成本方面承担的责任，从而构建学校、政府、家庭和社会各方共同参与的教育成本分担结构。高等教育的个人收益率高于社会收益率，即使社会经济不断发展，办学规模不断扩大，相较于高等教育收益率来说，个人收益率下降得也比较缓慢。除了在个人效益方面的体现外，高等教育还可以为人们带来更高的社会地位、良好的健康状况等。美国教育经济学家布鲁斯·约翰斯通提出的高等教育成本分担理论则为高等教育成本分担提供了理论基础。随着我国社会主义市场经济的不断发展，学生（家庭）在高等教育成本分担中所占比例不断增加，当前学生（家庭）已经成为仅次于政府财政的主要高等教育财政来源。为了适应社会发展，我国自20世纪90年代中期开始实行高校招生"并轨"，也就是取消公费生、自费生的划分，而是对学生统一收费。之后，我国政府规定高等教育学杂费水平不超过当年教育培养成本的25%。随着高等教育的发展，高等教育学费收入不断提高。

（二）我国高等教育的财政拨款体制

对于高校财务管理来说，高等教育财政支出体制也具有重要意义。在高等教育财政保障体制责任划分明确的条件下，相关管理部门为了保障高等教育事业的健康稳定发展，在高等教育的各个环节投入人力、物力和财力，并且保证这种教育资源的分配与使用是以提高资源利用效率为目的，实际上，财政拨款模式是高等教育财政支出体制的核心。具体来说，宏观支出和微观支出都包含在高等教育财政支出中，这是一个综合概念。

1. 我国高等教育财政投入体制变革

20世纪50年代后，我国开始实行高度集中的计划经济体制，在这样的经济体制下，我国高等教育经费投入显现出集中管理特征，也就是由高等教育的举办者负责筹措和管理经费。之后，随着改革开放我国高等教育经费投入体制发生改变，逐渐形成了多元化的高等教育财政投入体制。21世纪初，中央和省级政府两级管理，以省级政府管理为主的高等教育管理体制基本形成。

（1）统一财政分级管理体制阶段

20世纪40年代末期到70年代末期，我国实行计划经济体制。对于高等教育领域来说，当时一小部分高校由地方政府直接领导，剩下一大部分高校则由中央各部委领导和管理。从总体上来看，我国高等教育财政投入体制在该时期大致经历了以下四个发展阶段。

第一阶段为统收、统支阶段。在该发展阶段，教育经费由中央、大行政区和省进行三级管理，实行统包制度，中央政府和地方政府根据高校的管理关系对办学经费进行分别安排。

第二阶段为统一领导、分级管理阶段。在该发展阶段，全国财政划分为中央、省和县（市）三级财政管理。国家预算包括教育经费这个项目，国家对教育经费进行统一领导，地方需要向中央申报教育经费需求，由中央权衡后进行经费划拨。

第三阶段为条块结合、以块为主阶段。各级人民政府财政部门在编制经费预算和核定下级经费预算时与同级教育部门协商拟订，在下达经费预算时将教育经费单列。

第四阶段为财政单列、"戴帽"下达阶段。也就是说，上级部门按照指标直接向下级部门分配对应的教育经费。

（2）分级财政分级管理体制阶段

我国财政管理体制自 20 世纪 80 年代开始发生了本质改变，80 年代以来，我国从统一财政分级管理体制转变为分级财政分级管理体制，这种转变意味着中央对财政管理施行了分权，我国财政体制转变为中央和地方分级管理。在这种财政体制下，只有教育部所属高校的经费仍然由中央政府直接负责，其他高校的教育经费全部由各省级政府负责。在这样的财政制度下，可以秉承事权与财权相统一的原则，实现高等教育财政资源配置下移，也就是更多地发挥省级政府在促进高等教育发展方面的财政作用，减轻中央财政负担。在该时期，我国高等教育的财政投入体制发展大致上经历了以下两个阶段。

第一阶段为财政切块、分级负责阶段。中央财政和地方财政在该时期对高校教育经费进行切块安排，分级负责。

第二阶段为分税制阶段。20 世纪 90 年代中期，我国正式实行分税制，该税制的基本特征在于明确划分了中央收入和支出与地方收入和支出，并且明确了各级政府在教育投资方面的具体职责。该制度强调，各级政府都应该按照实际情况在教育投资方面承担一定的责任和义务。这种制度有效地推动了我国高等教育的健康、稳定、持续、快速发展。

2. 中国高等教育财政拨款模式变革

（1）"基数+发展"拨款模式

我国高等教育财政拨款最初采用的是"基数+发展"拨款模式，这种财政拨付模式遵循定员定额原则。具体来说，就是财政拨款会以机构规模、事业需要等实际情况确定具体的人员编制、房屋和设备标准等，这种拨款模式将上一年的经费所得作为当年的拨款基数，从而以此为基础合理分配当年的教育经费。需要注意的是，这种经费分配方式是将上年的支出结果作为依据的，而并没有进行合理的成本分析，这就可能造成经费分配不合理现象的发生，即单位成本越高的学校获得经费越多，这对于高校开展科学的成本控制造成了阻碍，同时还不利于高校提高经费的使用效率。

（2）"综合定额+专项补助"拨款模式

我国为了适应社会发展，推进高等教育健康发展，于20世纪80年代中期推行高等教育财政拨款模式改革，明确了高等教育财政拨款采取"综合定额+专项补助"拨款模式。80年代中期我国出台了《高等学校财务管理改革实施办法》，明确规定了我国高等教育经费预算核定办法。高校年度教育事业经费预算由主管部门负责核定，需要根据教育科类、学生实际需要及高校所在地实际情况，参考国家实际财力情况进行核定，这种办法称为"综合定额加专项补助"的核定办法。属于地方政府管理的高校采取相似的财政拨款标准公式。具体来说，需要以标准普通本、专科生人数为主要拨款依据，并引进生师比、生均教学行政用房、生均教学科研仪器设备值、生均图书、具有研究生学位教师占专任教师的比例这几个体现基本办学条件要求的调控参数，核定财政拨款，充分利用资金实现扩大学校规模、改善办学条件、提高办学质量的目标。

这种财政拨款模式基于平摊思维，也就是将维持高校正常运营的支出平均分摊到每个学生身上，以学生在校人数为基准拨付相应的财政补助金。"综合定额+专项补助"拨款模式是对"基数+发展"拨款模式的一种升级和发展，更好地体现了公式拨款法的优点。该教育经费拨款模式以对高校的初步成本分析作为基础，可以更好地反映高校成本运行规律，以此可以有效提升高校财务运作的透明性和公正性。不可否认的是，这种模式在实施过程中还存在很多问题，主要包括以下两点内容。

第一，"综合定额+专项补助"拨款模式仅将高校的招生人数作为其拨款基准，而高校的实际培养成本、效益回报和高校学科专业特色等不在考虑范围内，这就导致无法有效地实现政府拨款作为对高等教育发展宏观调控、实现政策目标的主要经济手段的功能，同时在高校投资越来越多元化的今天，还不利于调动其他社会资源的积极性，严重的甚至可能导致高校陷入通过不断扩招实现财务目标的困局。

第二，"综合定额+专项补助"拨款模式属于单一公式拨款方式，无法保证真实性和准确性，过于死板的拨款模式不能适应动态的高等教育成本变化规律，尤其对于教育资源十分有限的情况而言，一些微观办学主体为了自身发展会采取一定不正当竞争行为。此外，这种拨款模式无法体现拨款机制的多目标要求，仅仅将学生人数作为单一的政策参数，这也就无法发挥多政策参数的作用，无法切实有效地对高校办学产生多重激励。

基于以上两种财政拨款模式的不足，我国财政部门也在不断研究推进现有的高等教育财政拨款模式的更新，从而提高其科学性、有效性，现在已经将公平与效率的原则引入现有拨款模式，其目的是对财政资金使用的全过程进行监督，特别是做到事前监督。

随着社会的发展，我国越来越重视高等教育的改革发展，中央财政为了适应教育发展的要求，自 20 世纪 90 年代以后，开始大力促进高等教育的发展，通过这种方式有效的增加了专项资金投入。原国家教委对教育专项资金进行专业的项目管理，以此更高效地发挥教育专项资金的宏观调控功能。具体来说，原国家教委会针对项目的立项、论证与评估、执行和监督等全过程开展全面、仔细的管理与跟踪。此外，还需要通过专业的中介评估机构对已经完成的项目进行全面评估，通过科学评估投入资金的使用，促使资金使用效率提升，从而更好地实现资金效益目标。

二、高校理财环境的变化情况

近年来，我国的市场经济体制不断完善，教育体制改革逐步深化，教育市场的开放程度也不断加深，我国高校理财环境发生了一定变化，对我国高校财政管理产生了深刻影响。一方面，我国高校正处在着力提高高等教育质量，努力增强高校科技创新与服务能力的重要时期；另一方面，高等教育体制改革的目标是要通过现代大学制度的建立，逐步建立政府宏观管理、学校面向社会自主办学的新体制。高校财务工作是高校所有工作的基础，是高校提高教学质量、提升工作效能的保证，是保持高校稳定发展的关键。因此，进一步加强地方高校财务管理显得尤为重要和迫切。

（一）高校校外理财形势

1. 高校有关发展和管理的内部形势

首先，随着高等教育的不断发展，我国高校的办学规模不断扩大，这就导致高校资金问题日渐突出，相关经济活动也越来越复杂多变。其次，国家财政补助占高校经费总额的比例呈逐年缩小的趋势，建立高校多渠道的融资体制已迫在眉睫。此外，高校发展模式正在由外延式逐步走向内涵式。这些无不表明高校财务管理的内涵与外延正在发生变化，客观上对高校财务工作提出了更高的要求。

2. 国家有关高校的外部形势

在全新背景下，我国高等教育体制改革的目标发生了变化，具体来说，要建立政府宏观管理、学校面向社会自主办学的高等教育体制，只有这样才能满足市场经济体制下高等教育发展的现实要求，而首先就要建立并不断完善适应高等教育改革的现代大学制度。市场经济的竞争机制已延伸至高等教育领域的方方面面，包括学校与学校之间、学校与企业之间都存在着激烈的竞争。同时，随着财政体制改革的深入，按照公共财政的要求，将逐步集中财力办好重点高校的重点项目和加大对基础教育的投入。此外，多种所有制高校数量的大幅增加，推动了高校财务管理向国际化的方向前进。

（二）高校校内理财环境

1. 财务管理模式转换需求加大

不同地区的经济发展水平不同，决定了不同区域的高校发展不均衡，这是我国经济发展不均衡造成的必然结果。目前，有不少高校尚未步入内涵发展的轨道，尚需 2~3 年的转型期或者调整期。实际上，高校的财务管理目标与发展目标一致性很高，并且处于不同发展阶段的高校有不同的财务管理目标，一些高校财务管理相对低效与粗放，强调的是资金的筹集和投入；一些高校的财务管理比较内涵和精细，这些高校追求的是更好的办学效益。不同高校的实际情况不同，它们的财务管理模式也不尽相同。从高校办学实际来看，随着办学规模的不断扩大，不仅高校的财务运行规模持续扩大，为了适应发展要求，高校财务管理职能也不得不相应拓宽，财务管理的内容越来越丰富、战线越拉越长，这也导致高校财务管理的边界出现一定模糊。在这样的背景下，高校财务管理内涵提升速度缓慢，财务管理点面脱节，大量校级财务工作堆积，没有精力对更深层次、趋势性问题做出前瞻性的思考和研究，这就导致当时的高校财务管理模式很难适应改变。

2. 高校债务化解压力增加

随着外延发展繁荣，高校为了进一步发展积攒了大量建设性、发展性债务，一些高校甚至为了推进建设和发展欠下超出自身偿还能力的债务。现在问题的关键是，高校维持正常运转已实属不易，或者说很困难，根本考虑不了偿债，单靠学校的力量很难化解债务。由于教育收费具有非营利性、政策性和成本补偿性等特征，导致高校收费政策在调增时受到一定限制。虽然目前关于非义务教育阶段的成本分担已经成为社会共识，但是不同主体的分担份额却没有达成共识，这也是导致教育成本分担难以落实的问题。

3. 高校管理决策信息有用性需求趋强

一方面，高校承受着缓解规模扩大和内涵提升的双重压力，面临着推进现代大学管理制度的现实问题，同时还需要承担加强财务风险防范能力的压力，进一步加深了高校财务管理的难度；另一方面，高校无法从财务部门提供的财务信息中获得全面信息支撑，在做出关乎学校发展的重大战略决策时，没有信息支撑是一个巨大隐患。在高校的运行管理过程中，需要解决各种利益问题，必须处理好复杂的校内外利益关系，这就要求高校必须及时完善管理运行机制，而这也体现在对财务信息的管理决策分析方面，要求财务信息从可理解性尽快向决策有用性扩展的趋势加快发展。

4. 筹资结构的不稳定性增强

例如，在学校收入结构中，学费、住宿费等已经成为高校收入的主渠道，银行贷款、学宿费收入、财政补助在高校财务份额中占比由高到低。可以看出，随着高校不断扩大办学规模，自身的筹资能力也在不断提升。不得不说的是，对于高校财政而言，政策性因素仍然对高校筹资具有不可忽视的主导作用，尤其是对于那些按民办新机制运作的独立学院而言，很难完全依靠自身的能力实现高校的财政目标，难以推动高校的顺利运行。一旦几年后生源缩减，首先受影响的便是这些独立学院，部分高校招生出现预期的"拐点"，这些高校筹资政策势必面临调整，筹资结构的不稳定性将会更加凸显出来。

三、高校会计制度的变化

（一）新旧会计制度的会计核算基础比较

在旧制度下，高校的会计核算主要以收付实现制为基础，会计核算无法客观反映高校的实际成本。新制度针对这点做出了改变，在会计制度中适当引用了权责发生制。以学费收入为例，在新制度下，学费需要通过权责发生制予以确认。这是指，高校需要在每个教学年度，根据教务部门提供的学生注册数以及报到人数，按照相关部门的收费标准向学生收取相应费用，这包括学费、住宿费等一切规定费用，并要按照要求办理入账手续。为了更准确地对学费收入进行核算，将"应收及暂付款"科目改成"应收账款""其他应收款"等一级科目，通过更详细的记录避免错误发生。通过这种方式，可以有效提高数据信息的准确性，教务部门和学生部门可以更及时地催交学费、住宿费，从而有效地降低了发生坏账损失的风险；同时，这种会计制度相较于原来的会计制度更全面、真实地反映了高校的资产、负债、收入、支出等会计要素增减变化情况，这样高校可以更全面地掌握会计信息，从而更好地从整体上把握学校的财务情况，掌握财政事业资金的运动过程和工作业绩。

（二） 新旧会计制度的会计科目设置比较

1. 收入和费用类科目设置的区别

从收入的来源来看，高校的收入包括财政补助收入、上级补助收入、科研业务收入等。通过新旧制度的比较，我们可以直观地发现，增加调整了资产类科目、负债类科目、净资产类科目、收入和支出类科目。在新制度下，"其他收入"科目包含的内容进一步扩大，投资收益、固定资产出租收入等科目都纳入新制度下的"其他收入"科目的核算范围。在新制度下，费用类科目最大的变动在于增设了全新科目，即"以前年度盈余调整"科目。

2. 负债类科目设置的区别

变化最大的是"借入款项"科目的改革。旧制度下，基本支出和项目支出全部计入"借入款项"进行核算。新制度进一步对"借入款项"做出细致划分。到期日长的为"长期借款"，到期日短的为"短期借款"。负债类科目相较于资产类科目，在新制度下的改变并不大，但是在原有的负债类科目基础上也相应地增加了一些科目，包括"应付职工薪酬""预收账款""其他应付款""长期应付款"等，通过调整和增加会计科目，可以使会计核算更适应权责发生制的要求。

（三） 新旧会计制度的固定资产折旧处理方法比较

在《高等学校会计制度（试行）》中，不计提固定资产折旧。为了提高真实性和准确性，新制度要求按月对固定资产计提折旧，其中文物文化资产不需要计提折旧，通过计提折旧的方式可以在固定资产的预计使用寿命内系统地分摊固定资产的成本。通过对固定资产计提折旧的方式提高了财务报表数据显示的准确性，计提折旧可以更好地体现固定资产净值，从而使财务报表中的固定资产符合资产的定义，从而保证财务报表数据与《企业会计准则》的资产负债观的一致性。

（四） 新旧会计制度的会计报表比较

在旧制度中，高校需要按要求编制资产负债表、收入支出表和支出明细表，显然这些会计报表比较基础不够全面，此外，会计报表项目的设置不够科学严谨，会计报表体系不够完整，对象比较单一。也就导致预算情况不够科学，提供的会计信息过于简单，很多时候由于会计报表不全面不完整使高校的财务状况被忽略，因此旧制度会计报表提供的一些信息只能作为财务数据的统计。新制度中财务报表增加了新的内容，包括资产负债表、收入支出表（月度）、收入支出表（年度）、财政补助收入支出表和报表附注，新的财务报表体系可以为报表使用者提供更多的信息。

在现行体制下，基建账游离于财务账之外，这对于高校会计报表的完整性、准确性造成了不利影响，导致高校会计报表并不能真实、完整地反映高校各项财务信息。对于基建账目资金来说，不论来源形式如何，最终都会形成一部分实物资产、一部分费用，同时还可能留下一部分货币资金。而在新的会计制度下，为了加强会计报表的完整性、真实性，专门增加了基建投资表并将其并入高校财务报表之中，这就消除了基建账游离于财务账之外带来的困境，使财务报表可以全面反映高校经济资源以及基建活动全过程的核算内容。

通过以上分析可以看出，旧制度相较于新制度有很多不足。新制度是基于旧制度的创新，为了提高财务准确性和全面性，新制度采用修正的权责发生制和收付实现制两种不同记账基础，利用现代化的财务信息系统可以提高财务信息的准确性，对于高校会计发展具有重要意义，可以说这是高校会计制度设计与改革的重大创新。相较于旧制度，新制度核算的内容更加全面，可以更完整地反映高校办学经济活动的全过程。在新制度下，增加了"在建工程""基建工程"两个科目，通过这种方式有效改良了原来基建工程单独建账进行核算的问题，同时对会计科目的核算内容进行了全面的修改和调整。不过，新制度并不是完美的，同样存在一些不足，如应该增加现金流量表等。

四、高校财务制度的变化

（一）财务管理体制的变化

1. 关于财务人员管理的改变

旧制度规定，高校需要在校内设置财务会计机构，同时还需要配备相应的专职财会人员，只有在获得了上一级财务主管部门的同意后，才可以对该级财会主管人员的任免做出决定，不可以对校内各级财会主管人员进行任意调动或撤换；财务部门会同相关部门办理财会人员的调入、调出，对专业技术职务进行评聘。新制度对财务人员的配备没有修订，主要是对财会人员的管理做了修订，学校一级财务机构会同相关部门，负责办理校内财会人员的调入、调出、专业技术职务的评聘，同时需要负责校内二级财务机构负责人的任免、调换或者撤换。

2. 关于财务管理机构的改变

新制度对二级财务机构与学校一级财务机构的关系、二级财务机构职责没有修订，主要是对需要设置二级财务机构的范围做了修订，将"高等学校校内后勤、科技开发、校办产业及基本建设等部门"改为"高等学校校内非独立法人单位"，这主要是考虑：大多数高校的科技开发与校办产业，经过改制已并入学校的资产经营公司，资产经营公司的财务遵循的是企业财务管理制度；基本建设部门财务大多已并入学校财务处，修订后的《事业单位财务规则》和《高等学校财务制度》均将其合并到高校的财务管理体系；独立法人单位不能作为学校的二级财务机构，因为按照法人登记注册的要求，其必须是设置独立的财务机构和人员。

（二）单位预算管理的变化

1. 预算的调整

新制度相较于旧制度增加了"高等学校应当严格执行批准的预算"的规定。因为"财政补助收入"是财政从国库核拨给事业单位的资金，不再使用"预算外资金"这一概念，教育收费经批准暂不缴国库，仍实行财政专户管理，新制度规定"国家对财政补助收入和从财政专户核拨的预算外资金一般不予调整"。

2. 预算编制和审核程序

为了使高校财务更好地适应高校财务预算管理的程序，新制度明确规定高校预算编制和审核程序经法定程序审核批复后执行。

3. 预算编制方法

新制度取消了"校级预算和所属各级预算必须各自平衡，不得编制赤字预算"的要求，因为随着经济社会的发展，适度负债已经成为高校实现发展的一项重要举措，与预算平衡原则不相适应；在基本建设并入财务体系改革之后，在基本建设大规模投资的个别年度是很难实现预算平衡和不出现赤字的。

4. 预算编制原则

在旧制度中，预算编制原则为"必须坚持"。新制度则规定预算编制的总原则为"量入为出、收支平衡"；收入预算编制坚持积极稳妥原则；支出预算编制坚持统筹兼顾、保证重点、勤俭节约等原则。

（三）收入管理的变化

新制度关于收入的规定相较于旧制度更全面，在新制度中，收入被划分为政府补助收入、事业收入、上级补助收入、附属单位上缴收入、经营收入、其他收入，同时，专门针对政府补助收入和事业收入做出了具体修改。考虑到收入来源的渠道不同，可以将收入简化为政府投入、学校自筹和其他。

1. 政府补助收入

新制度明确了"政府补助收入"的概念。在旧制度中，政府补助收入的概念为"高等学校从财政部门取得的各类事业经费"，新制度则将其修改为"高等学校从同级财政部门取得的各类财政拨款"，扩大了财政补助收入的概念内涵。

2. 事业收入

在旧制度中，事业收入分为"教学收入""科研收入"；在新制度下，事业收入划分为"教育事业收入""科研事业收入"。新制度扩展了教育事业收入的具体内容，增加了对教育事业收入上缴国库或财政专户的管理要求条款，这是因为根据部门预算改革的要求，"预算外资金"概念不再使用，同时规定高校的收入仍实行财政专户管理。

3. 增加了对上缴国库和财政专户的管理要求条款

为加强对事业单位收入管理，保证按照规定上缴国库或者财政专户的资金及时足额上缴，防止出现隐瞒、截留、挤占和挪用等问题，新制度增加了"高等学校对按照规定上缴国库或者财政专户的资金，应当按照国库集中收缴的有关规定及时足额上缴，不得隐瞒、滞留、截留、挪用和坐支"的规定，适应《事业单位财务规则》的新要求。

（四）支出管理的变化

1. 重新修订支出分类

（1）事业支出

新制度对"事业支出"的分类做出较大修改。在新制度中明确规定，高等学校开展教学、科研及其辅助活动发生的基本支出和项目支出为事业支出。其中，基本支出是指高校为了实现运行、教育、科研等目标发生的支出，包括人员支出和日常公用支出。项目支出是针对特定工作任务和事业发展目标而言的，这是高校运行过程中，在基本支出以外发生的财务支出部分。新制度取消了旧制度对事业支出内容的八大分类。

（2）其他支出

在新的高校财务制度中，增加了对"其他支出"的规定，有效地补充了原有高校财务制度关于支出的规定。按照新制度的规定，其他支出即本条上述规定范围以外的各项支出，包括利息支出、捐赠支出等。

2. 增加支出管理内容

新制度规定，高等学校应当依法加强各类票据管理，确保票据来源合法、内容真实，不得使用虚假票据入账。一旦发现虚假票据入账，必须及时纠正，高等学校应当严格执行国库集中支付制度和政府采购制度等有关规定，高校应该进行科学的支出绩效评价，提高资金使用的有效性。

（五）结转与结余管理的变化

1. 修订结转与结余的概念

在新制度下，明确规定结转和结余是指高等学校年度收入与支出相抵后的余额。其中，结转资金是指当年已经按照预算执行却没有执行完成，或者因为特定原因没有按照预算执行，但下一年度需要按照原用途继续使用的资金。结余资金是指当年按照预算计划执行并完成工作目标剩余的资金，或是因为特定原因终止执行剩余的资金。按照规定，结转资金原则上需要结转至下一年度按照原计划继续使用；结余资金则应该全部统筹用于编制以后年度部门预算，改变用途须报财政部门审批。

2. 事业单位结余管理

新制度将结转和结余划分为两部分，一部分为财政拨款的结转与结余，另一部分为非财政拨款的结转与结余，由于二者性质不同，因此管理要求自然也不同。原则上，高校需要按照同级财政部门的相关规定，管理财政拨款结转和结余资金。高校的非财政拨款结转则直接按照相关规定结转至下一年度继续使用。在实践中，高校的非财政拨款结余通常可以按照国家有关规定提取职工福利基金，剩余部分则可以作为高校发展的事业基金。事业基金可以在之后用于弥补高等学校以后年度收支差额，为高校教育事业发展提供资金支持。此外，对于国家另行规定的按照国家规定执行。

（六）资产管理的变化

在资产分类中增加"在建工程"。在流动资产增加了货币资金的类别，将"应收及暂付款项"改为"应收及预付款项"，并增加了对货币资金和应收及预付款项的内容说明。

强化了资产账物和有关收益的管理。对盘盈、盘亏的固定资产，应当及时查明原因，并根据规定的管理权限，报经批准后及时进行处理。高校的对外投资收益以及利用国有资产出租、出借取得的收入，应当纳入单位预算，统一核算、统一管理。高校的资产处置收入应按照国家有关规定实行收支两条线管理。国家另有规定的从其规定。

进一步规范了对外投资行为。高校应当严格控制对外投资；对外投资应当按照国家有关规定报经财政部门或主管部门审批；高等学校以实物、无形资产对外投资的，合理确定资产价值；高校不得使用财政性资金进行对外投资，不得从事股票、期货、基金、企业债券等投资。

适度调高了固定资产的单位价值标准。把固定资产单位价值由 500 元提高至 1500～2000 元，且"高等学校的固定资产明细目录由教育部制定，报财政部备案"。

规范了资产使用和处置的管理。高校出租、出借资产，应当按照国家有关规定经主管部门审核同意后报同级财政部门审批。

增加了资产折旧与摊销的管理规定。高校除文物和陈列品之外的固定资产，应当采用年限平均法，在其使用年限内计提折旧。固定资产折旧政策一经确定，不得随意变更等。

建立了资产共享共用制度。高校应当加强资产管理，建立资产共享、共用制度，完善资源有偿使用成本补偿机制，提高资产使用效率。

（七）负债管理的变化

1. 增加了负债风险控制管理

随着外部环境剧烈变动，高校面临更多风险，尤其随着负债已经成为高校实现发展的一种手段，高校必须加强负债风险管理，需要建立健全负债的风险控制机制，规范和加强借入款项管理，严格审批程序，具体办法由财政部门会同主管部门制定。

2. 修订负债内容

新制度将旧制度中的"暂付款"改为"预收账款"并进一步解释了"借入款项、应付及预收款项"这一内容，借入款项包括高校为流动资金周转或基本建设工程而向银行等借入的短期与长期的款项，应付及预收款项包括高校应付职工薪酬、应付票据、应付账款、其他应付款和预收账款等款项。修订了"应缴款项"的内容解释，根据国库支付改革和社会改革的新要求，增加了"应当上缴国库或财政专户的资金、社会保障费"方面的内容。

（八）其他内容

在新制度中，几乎没有修订"财务清算"的规定。按照新制度的规定，分立高校需要按照相关规定，将资产转移至分立后的高校，并相应划转经费指标。新规定基本上没有对"财务报告与分析"进行修订。在"财务监督"中对监督的内容进行了规定，新制度规定，需要监督预算编制、财务报告的科学性、真实性、完整性，监督预算是否有效地执行，监督预算执行是否具有均衡性；监督高校的各项收入和支出是否合规合法；监督财政拨款结转和结余的管理情况；监督高校是否对资产进行规范、有效的管理；对违反财政制度的问题进行纠正等。

第二节　高校财务管理的目标

一、高校财务管理的基本目标

企业财务管理目标是追求利润最大化。而高校却不同，长期以来，一直认为"不以营利为目的"是高校的内在规定，财务做到收支平衡就算达到了财务管理活动的目的。随着高等学校教育改革的不断深入，高校办学自主权的进一步扩大，高校得到了快速发展，高校办学模式呈现出了灵活性、多样化的特征，教育经费投入不足与办学规模不断扩大之间的矛盾日益凸显。由此，高校财务管理的内涵与目的也随之发生了较大的变化，现行的高校财务管理运行模式及目标面临着严峻的挑战。因此，转变高校财务管理目标观念势在必行，即使"不以营利为目的"，也要将"绩效最大化"、可持续发展作为高校财务管理工作的目标。即讲求"社会效益"（提供教育服务）时，也要追求经济效益，提升竞争力。因此，对高校进行财务管理非常重要。

高校开展财务管理活动，需要建立运行有效的财务管理系统，这是财务管理最基本的目标。高校为了实现财务管理目标，必须建立运行有序、管理有效的财务管理和控制系统。高校想要进行科学、有效的财务管理工作，需要加强内部管理，要建立健全有序、高效的内部管理制度，只有保证高校财务管理系统健康、有效运行，才能保证高校从整体层面健康发展。只有实现财务管理本身的有序、有效，才能保证开展财务管理活动可以实现财务管理目标，才能保证高校健康运行。因此，对于高校财务管理来说，建立有效的财务管理系统是基本目标。

二、高校财务管理的主要目标

高校进行财务管理从某种角度来说，是为了通过加大筹资推动高校的发展，因此实现筹资最大化是高校进行财务管理的主要目标。筹资最大化是为了高校实现更好发展的重要途径，是指实现高校发展所需资金的筹集最大化。在高校财务管理中，筹资最大化是一项重要目标。筹资即通过各种渠道和方式为了某种目的而筹措资金，是一种常见的财务管理活动，需要注意的是，高校属于教育单位，因此与身为经营单位的企业不同，财务管理目标并不是追求利润最大化，高校的财务管理目标应该是追求筹资最大化。高校筹资途径多样，但最主要的资金来源为政府投入和学费收入，在此基础上还有一些其他收入作为补充。学费是政府审批的事业性收费项目，高校收取学费是为了有效地补充教育经费，政府投入和学费收入都是高校筹资的重要组成部分，但是学费收入会在一定程度上受学费标准和学生人数的限制。此外，高校还有收到社会捐资助学等其他资金，这些筹资途径的范围相较于学费收入更为广泛。高校为了实现更好的发展，实现筹资最大化的财务管理目标，应该积极申请政府各项专项资金，还需要积极争取社会的捐资助学。

三、高校财务管理的终极目标

在建立运行有效的财务管理系统，实现筹资最大化的基础上，实现资金使用效益的最大化。可以说，对于高校财务管理而言，基本目标是实现筹资最大化，最终目标是实现资金使用效益最大化。其中，资金使用效益最大化实际上就是指最大限度地发挥筹集到的资金的效益。高校必须在使用资金之前进行科学的效益评价，只有这样才可以有效避免由于盲目或随意支付资金导致资金浪费的情况，科学、合理地运用资金是财务管理的关键。高校使用筹集到的资金时，首先需要保障高校的正常运转，其次要为高校发展的实际需要服务，要明确高校发展重点，将资金投放到学校规划和优先发展的项目上，同时高校必须进行科学、有效的资金使用效益评价，只有保证资金充分发挥使用效益，才可以最大限度地发挥筹集资金的作用，才能有效推动高校的发展。

第三节　高校财务管理创新的必要性

一、高校财务管理创新的动因

(一)　财务管理创新是高校自身发展的需求

近年来,我国在高校审计监督、财务检查等方面加强重视,很多之前没有被发现的高校财务管理问题暴露出来,高校财务管理暴露出的问题主要包含以下九个方面。

①在重大经济决策方面缺乏科学性和规范化,一些高校在没有充分论证的情况下做出重大经济决策,这就导致了决策效果不明显的情况发生。在决定重大经济事项、使用大额资金时,很多高校并没有对此进行集体决策。②缺乏高效的财务管理体制,财务运行绩效不高,一些高校甚至没有建立校、院两级财务管理体制,很多高校即使建立了校、院两级财务管理体制也并不健全,这就导致高校与各院系之间的权利、职责和利益不够清晰,在处理经济事项上容易出现扯皮推诿的现象,这就严重阻碍了高校财务的顺畅运行,导致了财务运行绩效在一定程度上有所降低。③违规从事投融资活动、投资效益低下,一些高校在使用贷款时没有严格遵循相关规定,高校一旦违规提供贷款担保或是违规进行风险性投资,就会埋下风险的种子,会为学校带来一定潜在损失,校企之前存在产权不明确、职责不清晰的问题,在对外投资方面严重缺乏科学管理。④缺少完整的预算编制,并且预算执行也不到位,当前仍然有一部分高校存在部门预算与校内预算分离的情况。高校财务预算不全面,仍然有一部分收支没有归入预算,而是游离在预算控制之外,在预算执行的过程中也有很多环节并不到位。⑤违规使用科研经费、管理责任落实不到位,目前很多高校在科研经费管理方面存在职权不清的问题,也就是说学校、学院和课题组之间缺乏明确的管理职责划分,责任不清晰就导致了各种管理问题。在外拨经费方面也没有明确手续,缺乏严格的监督,一些高校会利用不合规票据虚列支出、套取资金等,这些违法违纪行为严重影响高校实现财务管理目标。⑥资产管理不规范、使用效率不高,目前还有很大一部分的高校存在资产管理与财务预算管理脱节的现象,这就导致了资产重复购置,从而出现闲置情况,一些学校不按照政府采购的相关规则使用资产,存在超标准购置固定资产等现象,还有一些高校在非经营性资产转经营性资产方面存在不规范行为,也没有对经营性资产进

行严格监管。⑦财务收支管理不严、控制不力，当前一些高校会超标准、超范围收费，造成了收费不规范现象的发生，不执行财务收支"两条线"的管理规定，一些高校在预算方面存在问题，"三公"支出膨胀。⑧建设项目管理缺乏秩序，一些高校在建设项目实践之前并没有充分的可行性，建设项目的投资概算、预算与决算之间存在较大差别，这就导致项目发生频繁变更。高校在项目建设上就需要不断追加投资，最终出现建设项目管理与财务管理脱节的情况。⑨大量举借内外债、财务风险巨大，一些高校在未经主管部门批准的情况下违规贷款开展基本建设活动，不考虑自身的财务实力，不考虑是否有能力还本付息，导致高校财务运行逐渐恶化，高校承担很大的财务风险，财务运行困难。

以上这些问题严重影响了我国高校的健康发展，扰乱了高校财务秩序，造成高校资金的流失和浪费，使高校资金无法充分发挥作用。这就要求我国高校必须加强财务管理创新，进一步理顺财务管理体制和运行机制，通过加强财务制度建设、改进财务管理流程、规范财务行为来提高财务运行绩效。

（二）高校财务管理创新是高等教育发展的需求

随着经济全球化不断推进和我国改革开放程度的不断加深，我国高等教育也需要与国际接轨，逐渐向国际化方向发展。在国际化环境中，我国高等教育面临复杂问题，高校发展需要处理一系列财务问题，这就要求高校开展科学、有效的财务管理活动。就我国高校财务管理的发展现状来说，财务管理已经成为与高校人才培养、科学研究、社会服务等同样重要的工作内容，并且随着市场经济的发展，高校财务管理将会起到越来越重要的作用，并从高等教育管理的边缘逐渐走向高等教育管理的核心。随着我国高等教育的不断发展，当前已经逐渐从精英教育阶段进入大众教育阶段，基本上满足了社会对人才的需要，满足了广大人民群众接受高等教育的需要，对于我国未来发展来说，高校人才培养为社会发展提供了重要人才动力，为打造人才强国打下了坚实基础。与此同时，政府和社会也加大了对高等教育的投入，推动了我国高等教育的发展。

二、高校财务管理创新的方向

（一）加强高校财务管理意识培养

一方面，在过去很长一段时间，我国高校的运作经费都是以财政拨款为主，随着高等教育发展才逐渐转变为财政补助收入、上级补助收入、事业收入、经营收入、附属单位上级收入、其他收入等多种渠道。另一方面，随着高等教育发展，高校办学规模不断扩大，办学条件也不断提高，教职员工的福利待遇也相应地有所改善与提高，这就导致高校经费收入已经无法充分满足高校继续发展的需要，因此很多高校开始通过向金融机构融资的方式满足自身发展需要。随着高校融资渠道的增多，高校财务管理迎来了新的问题。随着高校发展经费筹集方式的转变，使用经费会产生新的成本，在传统高校财务管理中并没有出现过这样的问题；在高校的经费使用方面，一般情况下，列出的项目支出金额并不是固定资产的真实价值，核算方式也无法反映该项设施的真实成本。基于此，为了有效开展高校财务管理，就需要引入资金的成本意识，只有这样才能使高校财务管理适应新形势，才能充分发挥财务管理对高校发展的作用。

（二）加强高校财务管理观念创新

随着高校理财环境的不断变化，高校财务管理必须做出改变，首先就要转变传统财务管理理念，通过观念创新适应全新的理财环境，以此为基础才可以开展切实有效的财务管理活动。高校的一项重要任务就是向社会输送人才，因此高校为了实现资金管理制度、人员管理制度和经济责任制度的创新，不断加强知识资本观念，从根本上认识人力资源成本与价值，注重人力资源的管理，加强对人才资源的科学核算、整合和利用。对于高校发展而言，财务管理是一个重点内容，但就我国高校财务实践来说，普遍存在经费长期投入不足、投资效益不高的问题。此外，高校的支出结构也缺乏合理性，这就造成了资源的严重浪费。基于此，高校必须加强自身的成本核算，财务管理部门需要树立正确的效益观念，加强对经费支出的控制；在财务管理中，人起到了重要作用，高校财务人员应该充分运用职权，为广大师生提供相应的服务，财务人员应该树立正确的服务观念，强化服务职能，不断提高自身服务质量，只有这样才能为高校财务管理发展提供良好的财务环境；高校需要建立并完善经济责任制体系，要在高校财务工作的各个环节中落实经济责任制度，通过这一途径可以有效地提高高校财务管理水平，可以避免或减少财务工作失误发生。

（三）加强高校财务管理技术创新

我国高校财务核算方式已经由原来的收付记账式转变为复式记账法，这并不仅仅意味着简单的记账法改变，更是标志着高校的核算体系发生了根本的变化。高校的会计业务也由以前的简单业务，向着财务预测、控制、分析等功能发展。这决定了电算化软件要相应具备财务数据提炼的能力。

在信息化时代，信息技术在高校财务管理中发挥巨大作用，也就是说，高校财务管理信息化已经成为一种必然趋势。高校财务管理信息化，实际上就是高校管理部门运用各种信息化手段，在财务工作的各个环节集成、整合和优化各种财务信息，利用信息技术实现校内资源共享，通过这种方式有效减少重复劳动，提高财务工作的效率。在信息技术发达的今天，建设数字化校园已经成为重要任务，而高校财务管理信息化则是其中一项重要内容，这对于推进高校的全面、协调、可持续发展具有重要作用。网络的发展一方面为高校发展带来了新的机遇；另一方面也为高校发展带来了新的挑战，这在财务管理方面就有所表现，财务管理信息化已经成为网络信息时代高校财务管理的必然发展趋势。在校园网络化为财务管理信息化提供技术保障的条件下，财务管理信息化实际上就是实现高校资源在管理机制、管理理念、工作方式等方面的改革和创新。

（四）加强高校财务制度创新

高校财务管理创新和发展必须有相应的财务制度支撑，可以说制度创新是财务管理创新的重要组成部分，尤其是在金融形势发生了巨大变化的现代社会，财务制度创新对高校财务管理创新有直接影响。未来将是金融化的时代，高校在信息化、网络化、全球化环境中，必须加强校际沟通和协作。高校开展财务管理活动，必须树立全球化的理财观念，结合自身的实际情况，在世界范围内扩大筹资和投资渠道。我国高校应该积极主动地参与国际竞争，通过这种方式有效提升自身的资本运营效率和效益。同时，高校应该建立健全管理制度，通过制度的作用规范人的思想和行为，按照相关法律法规规范高校经营管理，一方面可以保证高校财务工作有章可循、有法可依；另一方面可以保证高校财务制度适应不断变化的高等教育发展要求，这样既可以保证财务管理的原则性，又可以保证财务管理的灵活性。

（五）加强高校财务人员素质培养

在过去很长一段时间，我国高校财务业务单一，对高校财务人员的素质要求较低，一般只要求财务人员具备一定政治修养素质和职业道德修养素质。但随着高校规模的扩大和财务业务范围的变化，高校对新形势下的财务人员提出了更高的要求，除了政治修养素质和职业道德修养素质外，业务素质成为财务人员必须具备的重要素质。

1. 增强技术能力

计算机及网络技术的发展可谓一日千里，财务工作也受到现代技术的影响。当前电子化和网络化已完全取代了传统的算盘、计算器加账本的模式，并且随着科学技术的不断发展，财务工作的复杂程度不断加剧，同时向一体化方向发展。而技术进步，不仅带来了财务工作的发展，还对财务人员提出了新的要求，财务人员在这样的发展环境中，不仅要不断学习、更新业务知识和能力，还需要适应技术发展掌握现代化办公手段，要熟练地掌握和运用不断更新的计算机和网络技术，只有这样才能不被时代淘汰。

2. 增强决策与管理能力

随着高校财务管理的发展，财务人员的工作内容发生了很大变化。财务人员不仅负责账目记载、现金款项的收支流通等基础性工作，还要在一定程度上参与高校管理，可以说财务管理已经成为高校管理的核心组成部分，并且财务管理的重要性还在不断提升，已经对高校的发展产生了决定性影响。影响高校管理和发展的因素有很多，如科研水平、教育水平等，但财务管理水平通常会直接影响一个高校的发展，从高校的财务管理水平就基本上可以看出其整体管理水平和发展状况。在高校中，财务部门并不仅仅是职能部门，财务部门应该更积极地在高校中发挥自身的作用，积极地参与到高校发展的决策工作之中，并且随着市场经济的发展，财务部门在高校管理中的作用将会越来越大。在这样的背景下，高校财务工作者必须转变思路，尤其是财务管理工作领导者必须彻底摆脱沉于具体事务的狭隘意识，对于财务事务处理必须树立更广阔的视野，要以前瞻性的眼光看待财务管理。同时，财务工作者还应该不断提升自身决策能力，通过加强财务人员培养促进高校财务管理的发展。

3. 增强知识涵养

经济社会发展带来了社会经济结构的深刻变革，随着社会发展不断有新的产业和行业涌现出来，传统行业也在这样的背景下升级和转型。同时，社会事业在这样的背景下不断更新和发展，而财务工作的内容也在这个过程中不断丰富和扩展。财务人员需要认清发展形势，通过不断认识、学习和掌握新知识、新技术的方式，提高自己的能力，以便不被时代淘汰，并以此为基础促进经济增长和各项事业的发展。随着经济发展和管理学科研究的不断深化，财务核算也相应地发生了变化，财务核算的规则和方法相较于之前已经更新，并且这种变化还将持续下去。而这无疑对财务人员提出了更高的要求，财务人员必须打破僵化的思维模式，学习掌握新的财务核算规则和管理方法，不断更新理念和技能，只有这样才能保证自身在财务管理工作中充分发挥作用，才能保证财务管理的科学性、准确性。

三、高校财务管理创新引入现代企业财务管理的必要性

(一) 现代企业财务管理与高校财务管理的比较

1. 管理个性的差异

高校属于公共部门，现代企业属于私人部门，这就导致二者在财务管理个性上必然存在一定区别。具体来说，这些区别主要表现在以下两个方面。第一，企业与高校有不同的管理目标或使命。企业管理的目标是获利，只有这样它才可以在市场竞争中生存和发展，因此对于企业来说，其现实目标是追求利润最大化。高校与现代企业不同，它是非营利性事业组织，高校管理是为了节约办学成本，实现资金作用的效益最大化。我国公立高校仅对学生收取低于成本的学费，以此保证教育公平。由于高校具有公益性，这部分费用无法得到补偿，因此高校更重视社会效益评价，管理目标难以完全量化。第二，企业与高校具有不同的管理责任机制。企业发展是以市场为导向的，因此在责、权、利的划分方面比较清晰，并且企业内部具有比较完善的激励、约束机制。高校与企业不同，作为公益组织的高校更注重责任和服务，因此在高校内部更注重建立和完善监督约束机制，以此保证服务的有效落实。

2. 管理环节的差异

虽然高校属于公共部门，现代企业属于私人部门，但从整体上来看，二者在财务管理方面的环节基本一致，都包括以下五个环节：财务预测、财务决策、财务预算、财务控制、财务分析。但是二者在各个环节采取的技术手段存在一定差异，这也是由二者自身特性决定的，因此将现代企业财务管理融入高校财务管理的过程中，要把握这种管理手段上的差异。

3. 管理内容的差异

(1) 高校财务管理的内容和方法

开展高校财务管理活动，要求高校按照规定通过多种渠道筹集事业资金，科学合理地编制学校预算并在实践中落实预算计划，同时还要对预算执行的全过程进行科学有效的控制和管理；高校要根据实际需要合理配置学校资源并不断优化，尽可能做到资源的节约利用，通过有效手段提高资金使用效益；高校需要进一步加强资产管理，建立健全财务规章制度，充分发挥制度的作用，使高校经济活动有序运行；财务管理还要求相关部门必须如实反映学校财务状况；要加强对高校经济活动的监督，以此保证资金使用的合理、合法。

（2）企业财务管理的内容和方法

企业财务管理是企业在生产过程中针对客观存在的财务活动和财务关系而产生的，企业需要通过财务管理组织财务活动、处理自身的财务关系，这是保证企业健康运行的必要手段。企业要处理与政府之间的、与投资者之间的、与债权人之间的、与债务人之间的、企业各部门各单位之间的、与职工之间的等众多的财务关系。从本质上来看，企业财务管理就是对资金运动进行管理，对资金运作过程中产生的各种关系进行管理。

（二）高校财务管理引入现代企业财务管理的重要意义

1. 有利于提高高校资产真实性

引入资金的时间价值概念，加强项目核算，对引资成本较高的固定资产项目，反映资产的真实价值，反映高校真正的运作成本，反映高校真实资产。

2. 有利于建立高校财务预算体系

高校财务预算通常只是进行财务经费的简单归集，并不像企业那样进行全面预算，因此高校编制的财务预算可行性较低，执行效果也并不理想。同时《高等学校财务制度》的预算编制方法还在很大程度上制约了高校财务预算的编制，导致预算不能真正反映后继年度的资金使用情况和需求情况。编制缺乏科学性直接影响了预算执行和会计核算，就我国高校财务报表编制现状来说，缺乏可行性是一个普遍存在的问题。很多高校在编制财务预算时，没有实现收集、统计和分析相关数据，没有进行充分的可行性论证，这是预算编制缺乏可行性的重要原因，最后就导致预算执行的效果极差。对于高校财务预算来说，应该适当地引入企业财务管理手段，以此提高高校财务预算的科学性，促使高校建立健全适应高校发展要求的财务预算体系。加强财务管理手段创新，利用具有先进性、时代性和技术性的财务管理手段开展高校财务管理活动，建立健全高校财务分析体系。在传统高校财务分析中，主要采用定量分析方法，而通过对影响高校收支的主要因素进行科学分析，可以弥补定量分析的不足，从而提高财务分析的真实性、客观性，以此为基础可以促进高校实现持续发展的目标。

3. 有利于提高高校财务分析质量

当前我国高校财务分析主要是进行量化分析，重视财务总体"量"的财务分析，包括年度收入、年度支出、支出经费比重、收入预算完成情况等，而缺乏对于高校财务的"质"的分析，如影响学校收入变化的主要影响因素、支出结构的合理性、财务配置的科学性等。高校开展财务管理活动，其中一项重要的内容就是财务分析，高校必须建立健全财务分析体系，这样才可以科学客观地分析高校财务状况，才可以为高校科学管理提供可靠的依据。当前我国已经进入知识经济时代，在市场经济的推动下高校投资主体也呈现出多元化特征，因此高校必须加强财务分析，只有这样才能有效地降低办学成本，提高资金使用效益。

4. 有利于建立高校资金业绩考核体制

由于高校教育的特殊性，高校绩效考评主要体现为人才培养和社会价值，而这些恰恰是难以直接观察到的。而所有者的管理缺位，使高校基本上没有工作业绩考核。高校教育的社会价值是无形的，因此高校绩效考评显得无所适从，特别是资金使用层面的考核体系至今尚未完成，以至于大量高校资金悄然流失，这就需要运用企业财务管理手段来逐步实现考评体系的建立，从而保证资金的有效运用。

第二章　高校财务管理系统构建

第一节　管理层决策指挥系统

一、财务领导体制及管理机构

要做好高校财务管理工作，首先必须厘清高校的财务领导体制问题。对于高等学校的"校长负责制"领导体制，国家有明确的法律规定，高校是没有自主决定权的。因此，高校财务领导体制必须与高校领导体制一致，在统一的领导体制下，财务管理工作的具体管理办法和管理措施可以根据最优原则来选择。

（一）管理层财务领导体制的相关规定

高校财务管理工作校长负责制，是由法律赋予校长的职责。《中华人民共和国高等教育法》明确规定了"国家举办的高等学校实行中国共产党高等学校基层委员会领导下的校长负责制"。

《中华人民共和国会计法》规定了"单位负责人对本单位的会计工作和会计资料的真实性、完整性负责"。

《高等学校财务制度》也提出了"高校财务工作实行校（院）长负责制。符合条件的高校应设置总会计师，协助校（院）长全面领导学校的财务工作"。

从以上相关法律法规可以看出，校长是学校的法定代表人，具有全面领导和管理学校各项工作的法定权力，是学校各项工作的总负责人。因此，为理顺财务关系，落实经济责任制，根据责权相结合的原则，高校的财务工作由校长负责，只有这样，校长才能及时了解财务工作状况，全程监控财务活动。

（二）管理层领导财务工作的实施形式

高校管理层领导财务工作的形式多种多样，主要有校长直接领导学校财务工作、学校领导班子共同管理学校财务工作、财经委员会管理学校财务工作、总会计师管理学校财务工作等。

1. 校长直接领导学校财务工作

校长直接领导学校财务工作，是指校长亲自负责全校的财务工作，并指挥财务部门具体管理财务工作，财务部门负责人直接向校长汇报财务工作情况。校长直接领导学校财务工作，财务部门负责人具体管理财务工作，这种校长负责制和财务处长管理制，是高校对学校财务进行管理的主要形式。

2. 学校领导班子共同管理学校财务工作

学校领导班子共同管理学校财务工作，即校长委托分管财务的副校长管理学校财务工作，委托分管学院及部门的副校长管理本学院及本部门的经济工作及预算资金使用等。在校长的领导下，学校领导班子共同管理学校财务工作也是高校管理层领导财务工作的一种主要形式。

3. 财经委员会管理学校财务工作

财经委员会管理学校财务工作，是指学校成立由校领导和相关部门经济管理人员组成的财经委员会，协助校长管理学校的财务工作。相对来说，财经委员会由懂经济的人组成并实施管理，因此从理论上讲对学校财务工作的管理更为有利。

4. 总会计师管理学校财务工作

总会计师管理学校财务工作，即由总会计师协助校长全面管理学校的财务工作。根据《总会计师条例》中对总会计师的定位："总会计师是单位行政领导成员，协助单位主要领导人工作，对单位主要行政领导负责。""凡设置总会计师的单位，在单位行政领导成员中，不设置与总会计师职权重叠的副职。"

总会计师制度是中国经济管理的重要制度，在高等教育未普及前，高校的资产和收支总量不大、经济业务比较简单，财务管理的主要任务是管好、用好经费，所以高校总会计师制度没有得到重视和推广。随着我国市场经济的完善和高校的发展，对财务管理专业人才的需求越来越迫切，客观上要求高校加快财务管理专业化的进程。在这样的背景下，教育部、财政部颁布实施了《高等学校总会计师管理办法》，高校总会计师制度将会得到前所未有的发展，总会计师管理高校财务工作将成为未来的主要形式。

（三）财务管理机构的设置

财务领导体制确立后，管理层必须设置财务管理的机构，负责日常财务工作的管理。根据高等学校财务制度的要求，高校管理层必须单独设置财务处作为一级财务机构即校级财务机构，在校长负责制和管理层的领导下，统一管理学校的各项财务工作。因工作原因，需要设置二级财务机构的，二级财务机构的财会业务必须由一级财务机构统一领导、监督和检查。

二、财务管理模式选择

财务工作领导体制问题落实后，管理层还需要解决财务管理模式选择的问题，即选择什么样的管理模式来实施财务管理。

在校长负责制的"统一领导"下，根据集权与分权的组合情况，高校财务管理模式主要有三类，一是"集中管理"的集权管理模式，二是"分级管理"的分权管理模式，三是集权与分权相结合的"混合管理"模式。"统一领导"是指财经工作实行学校统一领导，包括统一财经方针政策、统一财务收支计划、统一财务规章制度、统一资源调配、统一财会业务领导。统一领导是为了防范政出多门、各自为政等风险发生，保证财务管理工作有序进行，是对高校整个经济管理环境的控制。

（一）"集中管理"的集权管理模式

集中管理是指学校的财权、财务规章制度制定权和财务活动由学校集中管理，学校的财务收支由学校财务机构统一进行核算。

集中管理模式是最早、最简单的管理模式，优点是财权高度集中，随时可以调集资金，有利于学校对资金的调控；缺点是灵活性差，不利于调动各级财务管理的积极性。这种模式适合规模小、资金少的高校，因为规模小的高校需要集中财力，重点做好某项事业，如果财权、财力分散，将影响到学校的发展。

（二）"分级管理"的分权管理模式

分级管理模式，根据高校规模的大小又可具体分为二级管理模式和三级管理模式，一般情况下选择二级管理模式。

1. 二级管理模式

二级管理模式是指在建立健全财经规章制度、明确内部各级单位权责关系和统一领导的基础上，根据财权划分、事权与财权相结合的原则，由学校、学院进行两级分权管理，二级学院有权对学校下达的预算经费和分配的资源进行统筹安排和使用。但由于管理和监督成本高，财务收支由学校财务一级机构集中核算，二级学院可以设立报账员或财务联络员，负责学院财务报账以及与一级财务机构的联络工作。

二级管理模式的优点是既能调动二级学院的积极性，又能集中全校的财力搞好学校建设；缺点是二级学院的财权有限，不能完全自主理财。这种模式适合中等规模的高校，或规模虽大但资金量不是很大的高校，这类高校需要调动校内二级学院的理财积极性，适当下放财权，但学校财力不足，需加强管理，集中全校的财力搞好学校建设。

2. 三级管理模式

三级管理模式是指在建立健全财经规章制度、明确内部各级单位权责关系和统一领导的基础上，根据财权划分、事权与财权相结合的原则，由学校、学院、系进行三级分权管理，二级学院和三级系有权对学校下达的预算经费和分配的资源进行统筹安排和使用，但财务收支进行二级核算和管理。二级核算是指学校在统一的财务收支计划和资源配置下，将预算拨给二级学院，由二级学院负责核算本级及所属的三级系的财务收支活动，在学校统一领导下，由二级学院管理本级和所属三级系的会计事务，实行学校和二级学院两级核算管理，财务部门派出会计人员或会计机构对二级核算进行监管。

三级管理模式是随着高校合并及规模扩张而出现的管理模式，优点是扩大了二级学院的财权，能充分调动二级学院的理财积极性；缺点是学校财力分散，不利于资金调动，有可能出现二级学院为了自身的利益损害学校的整体利益，以及各学院发展不平衡等问题。这种管理模式适合规模超大并且资金实力雄厚的高校，有利于调动学校各级的理财积极性，避免资金集中管理带来的低效率。

(三) 集权与分权相结合的"混合管理"模式

混合管理模式即高校部分财权采用集中管理、部分财权采用分级管理。在学校统一领导的基础上，一方面，根据财权划分原则，将学校需要统一管理的事项如人员工资等由学校职能部门进行集中管理；另一方面，根据事权与财权相结合的原则，将教学业务费、科研费等日常业务性经费通过预算的形式由学校拨给二级学院进行分级管理。

混合管理模式比较灵活，可根据需要调整集中管理或分级管理的经济事项，能够有效控制需要控制的财权，同时又能局部调动二级学院的积极性。这种模式适合需要灵活调控的高校。

以上三种管理模式各有优缺点及适应性。规模小、在管理上只设置学校一级管理机构的高校，一般选择"集中管理"模式；规模大且设置了学校、学院、系三级管理机构的高校，一般采用"分级管理"模式，其中规模较大的高校一般实行学校、学院二级管理；规模超大的高校实行学校、学院、系三级管理。

在校长负责制的统一领导下，高校可根据规模大小、资金量大小等情况，灵活选择分级管理或集中管理模式，并且随着高校自身的发展，根据各自的具体情况变化，适时调整适合自己的管理模式。

三、分级管理体制建立

（一）统一领导的内容及权限设定

在校长负责制下，高校的财务工作实行学校统一领导。统一领导的内容和权限包括以下三点。

1. 实行统一的财经方针政策和财务规章制度

在国家的财经方针政策框架下，高校管理层根据学校的具体情况和发展规划，制定和颁布学校的财经政策和发展方针。同时高校应根据高等学校财务制度和会计制度等要求，建立健全财务规章制度，明确学校、学院的职责和权限。二级学院统一执行学校的财经方针政策，遵循国家财经法律法规、会计制度，以及学校根据实际情况制定的财务管理和会计核算具体办法。

2. 执行统一的财务预算和资源调配

高校管理层应根据年度收支情况和学校发展需要，统一编制年度收支预算，学校的各项资源纳入统一调配。年度收支预算经管理层批准后统一执行，二级学院必须根据学校年度预算，执行本学院年度收支计划。根据各学院承担的教学、科研等任务情况，教学科研用房、设备等资源由学校统一进行调配使用。

3. 实行财会业务统一领导

学校财会业务由一级财务机构统一领导，包括财务管理、会计人员从业管理、业务培训和业务指导等。二级财务机构必须接受学校财务部门的统一领导和业务指导。

（二）分级管理的事项及权限设定

实行分级管理的二级学院，在学校的统一领导下，可以自主管理的事项和权限包括以下三点。

1. 制定具体实施办法

二级学院在执行学校统一前提下，可以根据本学院实际情况制定具体的实施办法和落实措施。

2. 统筹使用预算资金

在学校统一预算和资源配置的前提下，二级学院将学校分配的预算经费，包括学院的人员经费及教学、科研等日常公用经费等，按照学院教学等各项计划的进展情况进行统筹安排和合理使用，提高资金的使用效益。

3. 财务收支管理

在财会业务统一领导下，二级学院可以设立报账员或财务联络员，负责学院与一级财务机构的联络和报账工作。二级学院有权管理本学院日常经费收支，组织本学院的各项收入，并负责学院各项预算支出的审批。

（三）分级管理的考核及评价设计

如果实行分级管理，就必须对分级管理的学院进行考核，以考核结果来评价管理的效果。对二级学院的考核分为定性考核和经济指标考核两类。

1. 定性考核

主要考核财务管理能力即遵守财经法律法规的情况，以及财务管理秩序情况。

2. 经济指标考核

①教学经费投入比重和仪器设备投入比重，即学院所有支出中用于教学方面的耗费性支出和用于仪器设备的资本性支出所占的比例。该指标可反映用于教学方面的经费是否合理。②经费投入与产出情况。该指标可反映经费支出的使用效益。③学院筹资能力，即除了学校预算拨款外，其他收入占学院总收入的比例。该指标可反映学院筹措其他资金的能力。

四、管理和控制制度设计

高校财务管理过程是价值管理和行为控制的统一过程，价值管理是指理财，即资金效益最大化；行为控制是指控制和监督，即对经济行为进行控制，使之符合法律法规和管理的要求。在确定了财务管理体制后，管理层必须进行财务管理和控制制度的高层设计。

（一） 各管理系统的制度设计

制度设计是指高校为实现财务管理各系统及各环节的有效运转而制定的一整套规章制度体系。具体来说，管理层应对授权审批管理系统、财务部门管理系统、内部审计监督控制系统的有关价值管理和行为控制等制度进行设计。价值管理主要由财务部门管理系统来实现，行为控制管理涉及各个系统。对财务部门管理系统要建立价值管理制度及行为管理控制制度，如经费收支、预算决算、资产负债等各项管理制度，以及财务管理人员的行为控制管理；对授权审批管理系统、内部审计监督控制系统要建立行为管理控制制度，如财务审批应建立明确的审批权限和审批责任控制制度；对内部审计监督控制系统应建立内部审计工作规范。

此外，管理层应建立各系统之间的信息沟通与交流制度，例如：授权审批管理系统与财务部门管理系统之间的审批与审核信息沟通，内部审计监督控制系统与授权审批管理系统和财务部门管理系统之间的监督与被监督的信息沟通等制度。

（二） 制度设计内容

规章制度是高校为规范财务管理、控制财务风险而制定的各项管理办法，内部控制制度要凭借完善的内部规章制度来实现。俗话说"没有规矩，不成方圆"，健全的规章制度是进行财务管理活动的前提。高校财务管理活动的各个环节都必须建立健全规章制度。

高校必须建立的规章制度内容，主要有管理层决策制度、经济责任制度、经济审批管理办法、内部预算管理办法、收支核算管理办法、资产管理办法、负债管理办法、财务信息及数据管理制度、内部审计制度、会计人员管理办法等。

第二节 授权审批管理系统

一、授权审批和审批管理制度

授权审批是高校财务管理的一个重要环节，直接影响高校财务管理的效果。要建立和运行高校授权审批管理制度，必须搞清有关授权审批和审批管理制度的基本概念。

（一）授权审批的内容和原则

授权审批是指高校内部的学院、部门或独立核算单位，按照学校经济审批管理办法的权责约定或管理层的授权委托，审批其职权范围内的财务收支、经济合同签订以及其他经济活动决策。

1. 授权审批的内容

授权审批的内容主要包括财务收支审批、经济合同签订、经济活动决策审批等。

（1）财务收支审批

按学校审批管理办法约定范围内的审批权限，审批本级管理范围内的资金收支或预算资金的收支。

（2）经济合同签订

学院、部门或独立核算单位负责人接受管理层的授权或委托，签订本学院、本部门或本单位相关的对外经济合同。

（3）经济活动决策审批

在授权管理范围内，审批有关经济活动事项的决策。

2. 授权审批的原则

授权审批的原则主要包括合理授权原则，"谁主管、谁审批"原则，可操作性原则等。

（1）合理授权原则

合理授权，就是根据经济审批事项的性质和支出额度，确定所授予的审批权限的大小。对于重要的经济事项，授权不宜太大，反之可以授予较大的权限；审批限额可根据各高校资金的具体情况设定，资金充足的高校审批限额可以设置大些，资金不足的高校审批限额可以设置小些。

（2）"谁主管、谁审批"原则

"谁主管、谁审批"原则是以职责为前提，根据职责来设定权限。经济事项由谁负责管理就由谁来审批，以达到责、权、利相结合的目的。

（3）可操作性原则

授权审批制度要在实际工作中具有可操作性，因此授权审批事项分类要合理，一目了然；支出审批限额标准设置不可过细过多，否则不但审批人难以掌握，财务审核管理也会因为过细而影响工作效率。

只有把握授权审批的原则，高校才能更好地根据各自的具体情况，设定符合实际的审批权限和审批金额。

（二）审批管理制度

审批管理制度是高校建立的管理职责与经济支配权相一致的经济审批管理办法，其主要内容是审批管理制度的构成要素。

1. 审批管理制度的构成要素

审批管理制度由审批人、审批事项、审批金额及审批责任等要素构成。

①审批人，即各级经济管理负责人，对审批人要从上到下分级进行设定。②审批事项，即审批的业务内容，包括收入、支出、经济合同、资产购置和处置等。③审批金额，即每一个级别审批的最高金额，超过这一金额就由上一级审批。金额由小到大，从下一级往上一级逐级审批。④审批责任，即审批人要根据经济法律法规和财务规章制度审批经济事项，对违法违规审批产生的不良后果应承担相应的责任。

2. 审批管理制度的分类

根据财务管理体制的集中管理和分级管理，可将审批管理制度分为集中审批管理制度和分级审批管理制度两大类。

（1）集中审批管理制度

实行"集中管理"体制的高校，采用集中审批管理制度，即以校长、总会计师或分管财务的副校长、财务部门负责人为主，进行财务集中审批的管理制度。

（2）分级审批管理制度

实行"分级管理"体制的高校，采用分级审批管理制度，即按内部管理层次建立起校长、分管副校长或总会计师、二级学院负责人、三级单位负责人等层次负责人分级审批的管理制度。

将审批管理制度进行分类，有利于高校选择适合本校实际情况的审批制度类型，建立自己的审批管理制度。目前，大多数高校选择了建立分级审批管理制度。

二、分级审批管理的建立

（一）设定分级审批人

高校审批人是指按照分级授权审批管理办法的规定，具有审批权限的各级负责人。分级授权审批管理的审批人由校长、分管副校长或总会计师、二级学院负责人等若干层次的各级负责人组成。

（二）设定分级审批的审批事项和限额

高校的经济审批事项包括预算审批、收入审批、支出审批、银行贷款审批、投资审批、经济合同签订审批等。审批限额即审批金额的范围应根据各高校的资金情况而定。没有设定审批限额的经济事项，不需要按金额大小区别审批。

（三）界定分级审批责任

1．审批人审批责任

审批人对所审批的收支的真实性、合理性、合法性负责。各学院、管理部门批准非法乱收费或私设小金库的，由学院或部门负责人承担相应的责任。

审批人不得为便于审批将单项支出化整为零；审批人或受委托签订合同人对所审批和签订的经济事项的效益性负责。对审批内容弄虚作假，或明知被审批事项不合法仍然审批的，审批人应承担相应的法律责任；审批人因审批不当或越权审批造成经济损失的，应承担相应的经济责任。审批人书面委托其他负责人审批的，负连带审批责任。

2．财务部门管理和控制责任

财务部门对未按程序履行审批的财务收支，应予以纠正后再办理。已由审批人审批的经济事项，经财务部门审核认为不符合国家财经法规和学校内部管理制度的，应向有关审批人说明理由并要求纠正，制止或纠正无效的，应当及时报告管理层或相关的主要领导，请求处理。既不予以纠正又不报告的，财务部门应承担财务管理方面的责任。

三、收入管理和控制

（一）高校收入的分类

1．按收入来源分类

按收入来源可以将收入分为财政补助收入、其他政府补助、教育事业收入、科研事业收入、捐赠收入和其他收入。

①财政补助收入是高等学校按照核定的预算和经费领报关系从本级财政部门拨入的各类财政性拨款，包括教育经费拨款、科研经费拨款、其他经费拨款。②其他政府补助是高

校除本级财政拨款之外，从政府部门或机构取得的各类补助，包括教育经费补助、科研经费补助、其他经费补助。③教育事业收入是高等学校开展教学及其辅助活动取得的收入，如学费收入、住宿费收入、考试考务费收入、委托培养费收入、培训费收入、其他教育收入等。④科研事业收入是高校开展科研及其辅助活动所取得的收入，如科研课题收入、科研开发与协作收入、科技成果转让收入、科技咨询收入等。⑤捐赠收入是高校接受其他单位或个人捐赠所取得的收入，包括限定性捐赠收入、非限定性捐赠收入。⑥其他收入是高校除财政补助收入、其他政府补助、教育事业收入、科研事业收入、捐赠收入以外的其他收入，主要包括资产出租收入、投资收益、附属单位缴款、资产盘盈、确实无法支付的应付款项等。

2. 按收入取得方式分类

按收入取得方式可以将收入分为拨款类收入、收费类收入、合同类收入和分配类收入。

①拨款类收入是高校从政府部门获取的各类拨款，包括财政拨款和其他补助拨款。②收费类收入是高校按收费项目和收费标准收取的各项事业性收费收入，包括学费、住宿费、培养费、考试考务费等。③合同类收入是高校按照合同约定取得的收入，包括联合办学分成、科研立项合同约定的经费、出租或使用学校资产合同约定的租金或管理费、使用学校资产投资所产生的收益等。④分配类收入是高校内部为鼓励各学院和单位的积极性而实行校、院两级分配的收入，包括成人教育办学收入、培训费等，是由二级单位扩展筹资渠道取得的收入。

3. 按收入用途约束分类

按收入用途约束可以将收入分为经常性收入和专项收入。①经常性收入是指没有指定具体项目用途的、可由学校统筹使用的收入，包括财政教育经费补助拨款、财政其他经费补助拨款、学生收费、其他收入等。②专项收入是指专门用于具体项目的收入，包括财政专项经费拨款、其他政府专项补助、基建项目拨款、科研课题经费等。

（二）收入管理岗位分工

收入管理是一个日常的、连续不断的过程，为了保证应收的款项及时收回，对收入管理的岗位设置和人员分工就显得特别重要。收入管理的内容包括各类收入的收取及管理功能归财务部门的哪个科室，具体由哪个岗位人员负责履行，谁来监督收款责任是否落实到位等。只有在合理的分工和明确的职责控制前提下，对收入的管理才能有效、有序地进行。

在高校岗位设置中，收入管理岗位一般比较分散，有部分职责设在预算管理科，部分职责设在收费管理科，还有部分职责设在核算科等。例如：拨款类收入的管理职能有的学校设在预算管理科，有的设在综合管理科，还有的设在核算科；收费类收入的职能设在收费管理科；捐赠收入和其他收入又设在核算科。

由于收入岗位的分散设置，导致收入管理不可避免地产生了漏洞，收入遗漏的情况或多或少地存在。因此，如果能够将所有的收入交由"收入管理科"来统一管理，那么将使业务更清楚、职责更明确，管理效果会更好。

（三）收入管理的基本要求

1．收入应该统一管理

高校收入包括各类拨款、补助、各类收费、科研课题经费、服务性收入、资产有偿使用费、捐赠、投资收益等，应全部纳入学校统一管理、统一核算，不得在学校财务之外，私设小金库，建立账外账。

2．收入必须符合法律法规

高校各项收入的取得必须符合国家的法律法规，特别是高校学生收费涉及教育费用分担和学生群体利益问题，涉及面广，政策性强，必须严格按照国家的有关规定收取，按照物价部门审批核定的收费项目和收费标准进行收费。教学、科研和后勤服务、资产出租、投资等必须符合财经法规、政策，不得非法经营。此外高校可以接受合法的办学捐助，但不得接受从事非法活动的捐赠款。

（四）正确区分各类收入

1．正确区分财政补助和其他政府补助

财政补助是列入本级财政预算的拨款收入；其他政府补助是从主管部门取得的或从上级财政和下级财政取得的非本级财政预算的各类补助。这两种收入比较接近，需要正确理解和区分，不应彼此混淆，导致数据不真实，从而影响年终财政拨款数据的核对。

2．正确区分科研经费拨款、科研经费补助和科研事业收入

科研经费拨款是从财政部门或通过主管部门从财政部门取得的列入本级财政预算的科研经费拨款。科研经费补助为非财政预算的主管部门科研经费拨款及上级主管部门、基金

会的科研课题经费。科研事业收入是指横向科研课题费、科研协作费、科技成果转让费、科技咨询费等项收入。这三种收入都属于科研方面的收入，很容易混在一起做收入处理，因此需要正确区分，不应相互混淆使数据不准确。

3. 正确区分事业性收费收入、服务性收入和经营性收入

事业性收费收入是经物价主管部门审批许可的、有收费项目和收费标准的事业收入；服务性收入是不需要物价主管部门审批的、为校内师生服务的、按成本补偿原则收取的；经营性收入和服务性收入的区别在于服务对象是校内还是校外，经营性收入的服务对象为延伸到校外的社会性服务项目。这三种收入也比较接近，容易混淆，特别是服务性收入和经营性收入，因此需要正确加以区分。

4. 正确区分附属单位上缴收入和经营性收入

附属单位上缴收入是具有法人资格的、独立核算的下属单位上缴的利润收入；经营性收入是没有法人资格的、不独立核算的二级单位取得的收入。这两种收入也容易混淆，在实际工作中存在把经营性收入当作附属单位上缴收入处理的现象，因此需要正确加以区分。

（五）各类收入的管理和催收

将高校收入进行分类后，应选择最佳的分类法进行分类管理，定期催收各类收入款项，及时清理应收未收款。按收入取得的方式进行分类，有利于催收和更好地进行日常管理。

1. 拨款类收入的管理和催收

拨款类收入包括财政补助收入、其他政府补助、财政专户拨款等。拨款类收入的管理和催收，应当由与财政预算拨款相关的职能科室承担，并安排专职或兼职岗位人员负责，每月定期向教育行政主管部门和财政部门申请预算补助拨款、专项经费拨款及其他拨款。对于学费等上缴财政专户的事业性收费收入款项，应及时向财政专户申请返拨款。

财政教育经费补助拨款的日常管理，要根据财政预算拨款总额和学校工作的进展情况，核对经费到位情况，并按财政支出预算代码类别分类入账。

2. 收费类收入的管理和催缴

学费收入占高校总收入的50%以上，是高校收入的主要来源，因此学生收费的管理特别重要。学生收费的管理与学生缴费进度相关，收费类收入包括学费收入、住宿费收入、

委托培养费收入等，属于分级管理中的校级收入。

3. 合同类收入的管理和催收

合同类收入是高校以合同约定进行合作关系或资产出租出借、承包协议等产生的收入，包括联合办学收入、横向科研课题、科研协作、科技成果转让、科技咨询、国有资产有偿使用费等。

4. 分配类收入的管理和催收

分配类收入是指必须按高校内部收入管理办法，在学校、二级学院或部门中进行两级分配的收入，包括成教办学收入、培训费、考试考务费等，各类办班学费、培训费由主办的单位在培训报到时收取，考试考务费由负责考试的部门在报名时收取，统一缴交财务部门进行收入分配。

四、支出管理和控制

支出是指"高等学校开展教学、科研及其他活动发生的各项资金耗费和损失"。高校是非营利的事业单位，合理、合法和有效使用资金是支出管理的重点，有效的支出管理是维持高校正常运转和发展的前提。支出是资金使用环节，容易滋生各种不良现象，因此支出管理也是财务管理的难点。

(一) 高校支出的分类

1. 按功能分类

高校支出按功能分类可分为教学支出、科研支出、管理支出、后勤支出、学生事务支出、离退休保障支出、其他支出。

2. 按经济分类

高校支出按经济分类可分为工资福利支出、商品和服务支出、对个人和家庭补助支出、基本建设支出、其他资本性支出等。

3. 按支出对象分类

高校支出按支出对象分类可分为人员支出和公用支出。①人员支出是用于工资福利、社会保障、补贴、补助等的支出，即支出经济分类中的工资福利支出以及对个人和家庭的补助支出。②公用支出是用于公共事业方面的支出，即商品和服务支出、基本建设支出、其他资本性支出等。

4. 按资金用途分类

高校支出按资金用途分类可分为基本支出和项目支出。①基本支出是高校为完成日常各项教学任务、维持学校正常运转而发生的各项支出，包括人员支出和日常公用支出两部分。②项目支出是高校为完成特定的教学、科研等工作任务或事业发展目标而发生的支出。项目支出分为建设性项目支出和事业性项目支出。建设性项目支出主要为基本建设支出，事业性项目支出包括教学项目和科研项目等。

5. 按资金来源分类

高校支出按资金来源分类可分为财政拨款支出和非财政拨款支出。财政拨款支出是指由财政预算拨款形成的支出；财政拨款以外的资金形成的支出为非财政拨款支出。

（二）支出管理的基本要求

划清资金的支出范围、把握支出的政策界定是支出管理的基本要求。

1. 划清资金的支出范围

高校应根据国家法律法规和会计制度的要求建立符合各高校实际情况的内部支出管理办法，特别是与高校培养人才的特点密切相关的各类支出，如教学经费支出、科研经费支出、学生基金支出等管理办法，划清各类资金的支出范围。

2. 把握支出的政策界定

高校支出的特点是政策性强，涉及支出的政策包括政府、财政部门、教育主管部门、人事部门等出台的各类文件，内容涉及人员工资福利、保障待遇等。有关教学、科研方面的公用支出，特别是公用支出中有关差旅费、出国费用、电话费、交通费等支出涉及个人利益，要准确把握政策的界定。

在管理实践中，涉及个人利益的支出往往容易失控或引发矛盾，是支出控制的难点。一方面，管理者可能会发生使用职权时超越国家政策的现象；另一方面，有的财会人员由于对政策理解不深，或法制观念不强，导致不该列支的给予报销、跨越政策界限超标准报销费用、个人费用冒充公用支出等情况发生。因此，准确把握支出的政策界限，分清什么该列支、什么不该列支是支出管理的基本要求。

（三）支出审核原则和注意事项

1. 支出审核的原则

财务部门应根据各类经费使用范围的特点，把"事和人"相结合加以考虑，把握支出报销的原则。

（1）真实性、合理性原则

在报销审核过程中，如果出现报销事项真实合理，但程序或做法不符合有关政策规定的，应告诉报销人如何整改，补充完整或整改后符合要求的，要给予报销处理。属于真实合理的费用，财务人员要想办法予以解决。明显不真实、不合理、不合法的报销事项不应受理，但要给出相关的政策依据和让人信服的理由。

（2）重要性原则

在报销审核过程中，要"大事大做、小事小做"，要避免疏忽大意或延误时机，如金额几百万元的工程款、设备款等必须作为大事仔细地做；也要避免小题大做，比如对价值只有几元或几十元的小额费用等纠缠不休。要从金额大小、经济事项本身的重要程度、时间紧迫性程度等方面判断。

（3）灵活性原则

凡是政策明确规定不能列支的事项，不要去踩高压线；凡是按政策规定能够列支的事项，不能因个人好恶而不予审核报销；对于政策没有明确规定的事项，要灵活处理，财务人员要视具体情况进行判断。

（4）有据可查原则

在报销审核过程中，给予报销或不予报销，都要有理由和依据，既能够说出给予报销的原因，又能够说明不予报销的理由。

2．支出审核的注意事项

财务部门及财务人员在具体报销审核操作中，要注意将"事与人"结合起来考虑，体现良好的职业道德和职业能力。

（1）宣传法律和政策

对于经费使用者来说，最好是什么费用都要报销，但这个愿望显然与现行的国家支出政策相冲突。为了让教职员工更好地了解国家的财经法律法规、地方和学校的报销政策，避免报销人与财务审核人员直接发生冲突，财务部门应采用校园网公布、印刷材料、会议或培训等措施对教职工进行政策宣传，让大家更好地理解政策并配合财务部门的支出审核工作，将抵触情绪降到最低，同时也有利于防范因不了解相关法律和政策而发生违法、违规的情况。

（2）不使用刺激性语言

在支出审核过程中，财务人员不使用刺激性语言，如"不能报销""做假"等，应改用"不在报销范围内""是自费项目"等。没有充分证据，财务人员不能随便说报销经办人"做假"。

（3）防止两种倾向

在支出审核过程中，既要防止财务人员"低声下气"，过分讨好某一报销经办人，让其他经办人感到不舒服，也要防止财务人员"趾高气扬"，与报销经办人说话用"法官审犯人"似的语气。财务人员审核支出事项要做到不卑不亢，平等待人，使用平等缓和的语气，谈话式的语言。

（4）不应推卸责任

对于审核范围内的工作，财务人员不能因怕麻烦而推卸于他人，应根据会计原则，作出自己的职业判断来处理问题。

（5）区分法律问题和规范问题

在支出审核过程中，如涉及法律问题，要认真对待；如未涉及法律问题，而只是操作规范问题，则不要纠缠不休。属于规范化问题的事项，如格式不规范的，能当场补充完整的，应让其当场补充完整后予以报销；如确实无法补充的，应先给予报销，但应告诫其下次使用规范的格式。

（6）补充材料可以说明问题即可

在支出审核过程中，如果报销事项需要做具体补充说明的，应不拘一格，能说明情况的各种具体证据，都可以采用。

第三节　内部审计监督控制系统

一、授权审批审计监督

授权审批审计监督是对授权审批管理系统实施的监督，即根据分级管理经济责任制，对授权审批系统所赋予审批人的职责和权限的履行情况进行审计监督。授权审批审计监督的形式以内部经济责任审计为主。由于高校审计部门属于学校内部监督部门，其职权只能审计监督管理层以外的二级学院、部门及单位的负责人即中层干部，高校管理层的经济责任审计由政府审计部门负责。内部经济责任审计是高校通过对二级学院、部门及单位负责人任职期间，在管理职责范围内的经济审批及有关经济活动和国家财经法律法规执行情况负有的责任，进行内部审计，并通过单位的经济活动记录来查证被审计人员所承担的经济责任，做出内部审计评价。

（一）经济责任审计监督依据及范围

在高校内部进行经济责任审计监督首先必须有监督依据，明确监督对象和范围，才能有效地开展监督工作。

1. 经济责任审计监督依据

经济责任审计监督的依据是高校分级管理经济责任制度及授权审批管理制度所授予的权限和职责。

2. 经济责任审计监督对象和范围

经济责任审计监督的对象为高校部门、二级学院及单位中具有审批权限和经济管理职权的负责人，因此经济责任审计监督的范围是被审计人员所管理的本部门、本学院和本单位所有审批的经济事项及经济活动。

（二）经济责任审计监督程序和内容

由于高校经济责任审计监督的对象是具有一定行政管理权力的特殊群体，经济责任审计监督结果将作为干部考核的一个依据，因此经济责任审计监督程序和内容与一般审计监督有所区别，应重点监督被审计人的经济行为。

1. 经济责任审计监督程序

经济责任审计监督程序按干部经济责任审计程序进行，由组织部门委托审计部门实施。

①由组织部门提出书面委托，经管理层分管领导批准，由审计部门对被审计人员进行任期、任中授权审批等经济责任审计。②审计部门接到委托书后，办理审计立项，制定审计实施方案，在实施审计的前三日向被审计人员及所在单位送达审计通知书。③审计通知书送达后，被审计人员及所在单位应当按照审计要求，及时提供有关资料。被审计人员应根据经济责任审计内容，准备书面述职报告。④审计组进场实施审计时，被审计人员应向审计组提交述职报告并进行述职，同时审计部门在其所在单位进行审计公示，并听取有关教职工的意见。在实施审计的过程中，要做好审计工作底稿。⑤审计组现场审计结束，整理审计工作底稿，出具审计报告初稿。⑥征求被审计人员及其所在单位对审计报告的意

见，被审计人员及所在单位对审计报告提出书面意见，审计组核实意见后，审计部门将审计报告及所在单位的书面意见，报送管理层主管领导审批。⑦审计报告批准后，提交给委托审计的组织部门，并送达被审计人员及其所在单位执行。审计报告由学校有关部门归入被审计人员干部档案。

2. 经济责任审计监督内容

经济责任审计监督内容的重点是被审计人员的审批行为及经济活动的合法性、合理性。合法性即审批事项及经济活动是否符合法律法规和学校的规章制度；合理性即审批行为及经济活动是否遵循效率和效益原则。

二、财务审计监督

（一）财务审计监督

财务审计程序大致可分为确定审计计划、实施审计监督、编写审计报告、进行审计整改、审计材料归档等五个工作程序。

1. 确定审计计划

①根据学校管理层的要求或按照审计工作计划，确定当年被审计的内部单位和审计项目。②选派人员组成审计组，编制审计工作方案，包括审计对象、时间、内容等。③向被审计单位发送审计通知书。

2. 实施审计监督

①财务部门提交与被审计项目相关的账簿、会计凭证、制度等书面资料、电子数据，包括有关财务管理、会计核算、内部管理制度等文件资料，被审计年度会计凭证、会计账簿、会计报表等资料，与审计项目有关的经济合同、协议，以及其他有关财务收支的资料。②审计组实施审计，填写审计工作底稿，取得审计证据。③审计组整理、归纳、汇总、分析审计证据和审计工作底稿。

3. 编写审计报告

①审计组编写审计报告，其中包括基本情况、审计发现的主要问题、审计处理情况和建议、问题的整改情况等。②审计组征求被审计单位对审计报告的意见，并根据反馈的意见对有关问题进行核实、修改或复议。③审计组出具审计意见书或审计决定，经审计部门审定并签发。

4. 进行审计整改

①被审计单位将审计建议或审计建议书、审计决定书的落实情况报送审计部门。②审计部门对重要的审计事项进行跟踪审计。

5. 审计材料归档

①审计项目结束后，整理审计材料。②审计材料归档，建立审计档案。

（二）高校校级财务审计的内容

1. 基本情况审计的主要内容

①财务管理体制与运行机制是否符合国家的有关规定；学校财务工作是否实行统一领导，是否按规定设置财务管理机构并配备合格的财会人员。②财务规章制度和内部管理制度是否健全，执行是否有效。③财务管理部门内部不相容岗位是否分设，并相互控制与制约；会计核算是否符合会计法规、会计制度和学校的规章制度。

2. 预算审计的主要内容

①预算编制的原则、方法及编制和审批的程序是否符合国家、上级主管部门和学校的规定，各项收入和支出是否全部纳入预算管理，有无赤字预算；预算调整是否按规定的程序办理并经批准后执行，有无调整项目的原因及金额的详细说明。②各项收入和支出是否按预算执行，是否真实、合法，会计核算是否符合会计制度，预算执行过程中的控制是否有效。③预算的执行情况及差异。预算的执行情况如何，如果差异较大，应当进行原因分析。

3. 收入审计的主要内容

①财务收入来源的合法性。事业性收费的项目、标准和范围是否经物价部门批准，有无擅自增加收费项目、扩大收费范围、提高收费标准等乱收费问题。②收入入账的完整性。各项收入是否及时足额到位，有无隐瞒、截留、挪用、拖欠或设置账外账、"小金库"等问题。③学费等收费收入是否按规定实行收支两条线管理，并按规定使用财政部门统一印制或监制的收费票据，是否按有关规定将应当上缴的收费收入及时足额上缴财政专户。④是否筹集到满足正常运行所需的资金，保持合理的资金结构。

4. 支出审计的主要内容

①支出是否真实，是否按预算执行，有无超预算、超计划等问题；有无转移、虚假发票报账、违反规定发放钱物等问题。②支出是否合法，是否按照国家、上级主管部门和学

校规定的支出范围和标准执行，有无超标准、超范围支出等问题。③支出是否有效益，资金使用率情况，有无结余很大或损失浪费等问题。④专项资金是否专款专用，有无挤占、挪用等问题。⑤对投资项目是否进行过可行性研究，投资方向和投资规模是否合理，资金配置是否有效。

（三）二级财务机构及独立核算单位财务审计的主要内容

二级财务机构及独立核算单位财务审计的内容应包括二级财务机构的建立和完善情况、独立核算单位的财务情况两个部分。

1. 二级财务机构的建立和完善情况

二级财务机构审计的重点是机构健全情况、人员配备情况、会计基础工作规范化情况等。①会计机构建立和会计人员的配备是否符合高校财务制度规定，会计基础工作是否规范，会计手段、工作环境以及队伍建设是否符合实际需要。②会计账簿设置是否规范，内容是否完整、真实、合法，记录是否及时、清晰、准确。③会计凭证的填制是否符合要求，所反映的经济内容及会计处理是否真实、合法，会计凭证的审核、传递、归档是否符合规定。

2. 独立核算单位的财务情况

二级财务机构所管理的独立核算单位，组织形式多种多样，有事业性质的校医院、自收自支的非营利性质的服务单位、学校办的企业或集团、参股的公司等，采用的会计制度也不尽相同，校医院采用医院会计制度，公司制的企业采用企业会计制度等。对独立核算单位的财务审计，应根据每个单位的性质不同而有所差别或侧重。

（四）财务人员的监督

对财务人员的监督，主要是监督财务人员的经济行为对学校经济管理和运行效率的影响。

1. 财务人员岗位控制设置监督

财务人员素质和岗位设置将直接影响财务管理的效果，对财务人员素质和岗位设置进行监督，有利于提高财务管理水平。①财务人员是否符合会计法规定的从业资格和条件。②会计不相容岗位是否分离。③会计人员有无进行定期的轮岗和培训。

2. 财务人员行为规范监督

财务人员行为规范监督，是保护财务人员、防范职务犯罪、降低高校经济风险的保障。①财务人员职业操守是否遵循职业道德规范。②是否做到行为规范所要求的"该为"的作为，"不该为"的不为。

三、经济法律文书监督

经济合同是高校使用最广的经济法律文书，涉及经济技术合作、投资、贷款、联合办学、资产出租和转让、承包经营、用水用电、物资采购、工程项目承建、物业管理等。总的来讲，合同可以分为收入类经济合同和支付类经济合同两大类。收入类经济合同包括经济合作合同、联合办学合同、资产出租合同等，这类合同可以收取合作费、学费、租金等收入或收益，收入类经济合同是合同管理和监督的重点。支付类经济合同包括物资采购合同、工程出包合同、用水用电合同、物业管理合同等，这类合同需要支付货款、承包工程款、水电费、物业管理费等，支付类经济合同一般是通过政府采购或工程招标程序签订，通常在采购或工程招标环节进行管理和监督。

（一）经济活动签订程序监督

经济合同签订程序监督包括对合同起草主体、合同审批、合同用章等方面的监督。

1. 经济合同起草主体监督

高校对外经济合同应以法人的身份起草和签订，内部二级学院、部门等可以用学校的名义起草合同；非学校内部组织及个人不得以学校的名义起草合同。内部审计主要监督合同起草单位的资格是否符合要求，能否用学校法人的名义签订合同。

2. 经济合同审批监督

一般性经济合同起草完毕后，应经过授权审批系统由审批人或授权审批人进行审批；重大的经济合同应通过相关领域专业人员讨论，并经过法律顾问审核后，提交管理层决策指挥系统决策审批。内部审计主要监督审批程序是否符合规定，有无遗漏审批的内容。

3. 经济合同用章监督

高校经济合同除统一使用法人名义签订外，还应该统一使用学校的合同专用章。内部审计主要监督每项经济合同是否全部统一使用学校的合同专用章，有无为规避审批以学院或部门公章代替学校合同专用章的现象。

（二）经济合同条款监督

经济合同条款监督主要是监督条款的合法性、合理性。

1. 条款的合法性监督

经济合同应符合《中华人民共和国合同法》的规定。内部审计监督首先应审核合同条款内容是否符合法律规定，有无与法律规定冲突的条款。

2. 条款的合理性监督

经济合同条款内容应该符合正常的逻辑思维，具有合理性。内部审计应该审查合同中是否存在损害学校利益的异常条款或内容，如果存在异常条款，应进一步审查原因及可能存在的问题。

（三）经济合同备案及履行监督

经济合同备案管理与履约密切相关，合同管理规范才能保障按期履约。

1. 合同备案监督

高校经济合同应由学校档案管理部门统一归档管理，同时送财务部门履约备案一份、送审计部门监督备案一份。内部审计应监督经济合同是否由档案管理部门统一归档管理，是否报送财务部门和审计部门备案。

2. 合同履行监督

经济合同的履行由财务部门进行审核和督促。内部审计应监督以下事项：支出类合同履约付款是否经过财务部门的审核，是否按照合同条款审核付款；收入类合同的收入款项是否按期到账，财务部门是否督促对方及时履行合同，是否存在已到期但未收到的合同应收款。

第四节　财务部门管理系统

一、财务管理信息化

高校财务管理的发展最引人注目的是财务管理信息化。财务管理信息化是以财务部门的"财务管理信息系统"软件为主要手段进行各项管理和控制，同时财务管理信息系统与校园网、开户银行系统连接进行相关财务信息的交换和传递。因此，现代高校财务管理是由现代网络信息技术作为支撑的。与传统的财务管理相比，最大的差别就是通过网络及财务信息系统进行管理和信息交换，管理效率高、效果好。

高校财务管理信息化体现在两个方面：一是财务辅助管理信息化。网络技术和校园网建设为财务管理提供了信息沟通和交换的平台。财务信息发布和数据查询，从传统的纸质的人工传递发展为网络传递和系统自动查询；校园卡的使用，解决了校内零星收入无现金化管理的问题，增加了财务管理手段；财务管理系统与银行联合，实现了"无现金报账""电子转账"等网上银行结算，提高了财务管理水平。二是财务管理信息系统功能多样化。随着计算机技术的进步，"高校财务管理系统"已由原来单纯的电算化核算功能，升级发展为集收支核算、分级管理、预算控制、报表生成和其他软件接入等功能为一体的多功能管理系统，有利于提高管理的质量和水平。

（一）财务辅助管理信息化

校园网系统与财务管理有关的是财务网页、校园一卡通及加载的收费软件子系统，财务部门将财务管理信息系统查询功能连接到财务网站，提供给教职工和学生查询自己的工资、经费、学费缴交等相关信息。

1. 校园网财务信息平台

通过校园网搭建的财务信息平台起到了信息沟通作用，体现了服务功能。信息沟通包括将相关国家财经制度、财务各项管理文件、学生收费项目和标准、通知等通过校园网财务网页进行发布，同时将教职工的各种建议和意见通过网站收集起来，经后台进行处理后再反馈到网页。服务功能包括查询工资及个税、学生缴费、个人科研项目、部门预算经费收支等。

校园财务信息平台除了信息查询和信息发布等基本功能外，正在逐步增加业务服务功能，如个人收入管理、远距离账务处理、预约报销、智能排队短信通知等。远距离账务处理，使财务人员可以在财务部门办公地点以外，通过校园网办理审核和制单，摆脱了办公地点的束缚。教职工可在财务网页点击"预约报销"，输入报销内容及预约报销时间，就可以在约定的时间办理报销。智能排队短信通知功能，就是到财务部门办理报销业务时，在排队机上取完号后，可以先去办理其他事，快到号时系统会自动通知取号人。

2. 校园卡和收费软件

校园一卡通信息系统是应用 IC 技术和网络通信技术专门为校园综合管理而开发的系统。"校园卡"储存学生的各项信息，除了借阅图书的功能外，还可用于校内就餐、购物、交费等结算，为财务管理提供了新的手段。校园一卡通信息系统将校园卡刷卡消费的各项收入传递给财务管理信息系统中的账务处理子系统，进行账务处理。

校园网可以加载缴费软件，缴费软件系统可以进行注册或报名，然后通过个人网上银行缴费，并将收费收入传递给财务管理信息系统的收费管理子系统，进行收费处理。

3. 银校互联系统

计算机技术的发展，使经济业务实现了网络化，财务管理信息系统与网上银行对接的银校互联系统，实现了"电子转账""无现金报账"等网上银行结算。"电子转账"即对公业务的转账、电汇、信汇等业务由网上银行转款所代替，不用到银行柜台办理；"无现金报账"即个人的差旅费、劳务费等费用可以通过财务管理信息系统与银行系统接口连接，直接将款项打入个人的银行卡，不再使用现金付款。通过网上银行进行付款及结算，有效地控制了现金风险，使财务结算更加快捷和高效。

（二）财务管理信息化

财务管理信息化是通过开发和建立高校财务管理信息系统软件来实现的，高校财务管理信息系统是由财务电算化发展而来的多功能管理系统。财务管理信息系统可以根据用户的需要增加管理功能，软件开发需要满足高校"集中核算、分级管理"的要求，综合核算、管理和查询服务等功能。计算机技术对高校财务管理的作用越来越大，现代高校财务管理若离开了信息管理系统，将无从谈起。

1. 财务管理信息系统的功能

高校财务信息系统必须满足分级管理、预算控制、集中核算、其他软件接入等基本管理要求。

（1）分级管理功能

财务管理信息系统一般通过设置"部门"来实现分级管理的功能，实行学校、二级学院按部门核算及分级管理。

（2）预算控制功能

财务管理信息系统一般通过设置"项目"来实现预算管理和控制的功能，通过"科目+项目"的双重核算管理，达到控制预算经费使用的目的。

（3）集中核算功能

财务管理信息系统通过网络将各财务人员使用的电脑终端连接在一起，根据每个人的岗位职能分工设置不同的系统使用权限。财务人员在自己的终端电脑上完成自己的岗位工作，然后由系统将每个人的工作内容统一起来，达到集中核算的目标。

（4）其他软件接入功能

财务管理信息系统在安全性的基础上可以增加接入功能，将系统外的数据传输到系统中来。系统数据也可以导出输出系统，做到数据共享，节省人力。

2．财务管理信息系统的设置

财务管理信息系统的核算、管理和预算控制功能是通过对系统进行有效的设置体现出来的，相同的系统不同的设置，作用是不同的，恰当的设置可以把系统功能最大限度地发挥出来。

二、预算管理和控制

高校预算是指根据高校事业发展规划和年度工作任务所编制的年度财务收支计划。预算管理和控制的主要内容包括高校预算的种类，预算编制的依据、原则和要求，高校预算编制方法，高校预算编制内容，高校预算编制程序，预算的控制等。

（一）高校预算的种类

高校预算分为"单位预算"和"内部分级预算"两类。为了与政府部门预算编制一致和便于学校内部分级管理，高校需要编制两类金额一样但用途不一样的预算。一类是上报财政部门的"单位预算"，侧重于财政拨款收入细化预算；另一类是内部分级预算即财务收支计划，侧重于高校内部支出分配细化预算。

1．单位预算

单位预算是指列入政府部门预算的国家机关、社会团体和其他单位的收支预算。而政府部门预算则是指预算编制以政府的各个部门为单位，一个部门的各项财政资金均统一反映在该部门的年度预算之中，以增强预算的规范性、科学性、合理性。高校财政补助拨款收入属于财政教育支出的一部分，因此高校预算是政府教育主管部门预算的组成部分，属于部门预算中的单位预算。

2．内部分级预算

内部分级预算，是根据高校内部发展规划和年度工作计划，按政府财政部门预算批复的单位预算年度收支总额编制的，适用于高校内部分级管理的收支计划。

部门预算和高校内部分级预算收支总额应该保持一致，财政拨款类项目明细预算保持不变，公用经费支出明细预算可能会有所变化，主要体现在内部分级预算因实行分级管理的需要，更加细化和具体。

（二）高校预算编制的依据、原则和要求

高校预算编制是指高校制订取得和分配使用资金的年度计划的活动。高校预算编制必须根据相关依据、遵循相应的原则和符合一定的要求。

1. 预算编制的依据

高校预算编制的依据是国家的相关法律法规、预算拨款政策和高校发展规划等，具体有：①《中华人民共和国预算法》。②《政府收支分类科目》。③财政补助标准。④学校发展规划和当年工作任务，以及上一年预算执行情况和本年度收支预测总额。

2. 预算编制的原则

①"量入为出、收支平衡"的原则。高校收支预算，应根据高校收入和财力情况安排支出，做到量力而行，收支平衡。举债应在未来财力允许的范围内，一般不能编制赤字预算。②"统筹兼顾、确保重点"的原则。预算安排首先应优先确保人员经费、日常运转所需的支出，其次应保障高校发展的重点项目支出。③"稳健"的原则。高校收支预算应积极稳妥，不应将上年非正常收入作为本年编制预算收入的依据。

3. 预算编制的要求

高校预算编制应按照部门预算的要求细化预算项目，支出预算要一次性分配到位，建立预算的权威性，预算项目设置要科学。

（1）按部门预算的要求细化预算项目

高校预算是部门预算中的单位预算，单位预算涵盖单位的所有资金的收支，包括本级预算和下属单位预算、正常经费预算和专项经费预算。高校预算作为部门预算的组成部分，必须按照政府部门预算管理的精细化要求编制本单位预算，预算必须编制具体项目和使用单位，即预算要有具体项目、使用单位、预算总额三要素。

内部分级预算，应按预算标准和具体项目将预算支出分配到学院或部门，没有具体项目和责任单位的预算，不是细化预算。但在细化预算过程中，不是越细越好，选择项目要以便于执行和控制为准。细化预算不仅体现了客观、公正、公开的特点，而且没有中间环节，能提高预算的效率。

（2）支出预算应一次性分配到位

内部支出预算应一次分配给具体使用的二级学院或单位，不应切块给职能部门，然后再进行多次分配或以审批代替预算分配。预算多次分配容易产生漏洞，影响预算的绩效，因此支出预算要按项目明细一次性分配到位。

（3）建立预算的权威性

在预算编制过程中，要把预算经费与实现目标挂钩，使用经费的权利要与完成任务的职责相对应，按财权与事权相统一的原则分配预算。在预算安排上，要设定任务和应达到的目标；在专项预算经费使用的过程中，要跟踪检查预算执行情况；年终决算时，应对本年度预算执行情况和是否达到预定目标做一个分析总结，并在一定范围内公开，确立预算的权威性。在按"零基预算"方法编制内部分级预算时，如果只规定了使用经费的权利，没有设定完成任务的职责，则容易导致内部争夺经费，使预算难以达成一致，降低预算的效率。因此，建立预算的权威性，是提高预算效率的重要办法。

（4）预算安排和项目设置要科学

支出预算分基本支出预算、项目支出预算。不管是基本支出预算还是项目支出预算，一般以项目形式安排预算支出。如果内部预算项目设置能够达到避繁就简的目的，提高工作效率，并且同样的经费有同样的使用效果，这样的预算安排就是比较科学的。

（三）高校预算编制方法

根据编制范围可将预算分为综合预算和局部预算。综合预算是在编制部门预算时，将单位的财政拨款收入、预算外收入、事业收入、捐赠收入以及其他收入进行统筹，以此来安排部门预算支出的一种预算管理方法。高校预算采用综合预算，用以全面反映高校及其所属单位的年度财务收支计划情况。

1．常用预算编制方法

预算常用的编制方法有固定预算法、弹性预算法、增减量预算法、零基预算法、基础预算法。固定预算法、弹性预算法、增减量预算法，在高校传统的预算中经常使用，但存在一些不足，不利于精细化管理。目前应用较多的是零基预算法、基础预算法。高校实际编制预算，是根据实际情况不同的项目采用不同的编制方法，或者多种方法混合编制。

2．高校部门预算编制方法

政府预算实行部门预算后，高校预算开始采用零基预算法编制预算，即"单位预算"按财政部门的要求采用零基预算法，根据高校全面预算的要求，采用综合零基预算法进行编制。单位预算侧重于财政支出预算，政策性很强，必须遵照财政补助标准和相关支出政策，按综合零基预算要求编报预算，凡是细化预算与财政拨款有关的，或是其他可预见的收支，一般按支出项目预算。

3. 高校内部分级预算编制方法

内部分级预算即内部预算分配，是高校根据事业发展需要编制的年度财务收支计划，收支总金额与单位预算一致，但侧重于学校内部二级学院或部门的经费支出分配，是学校内部各部门的支出细化预算。根据高校的实际情况，内部预算采用零基预算法和基础预算法编制。

(四) 高校预算编制内容

高校预算是日常财务管理中组织收入和控制支出的依据。高校预算由收入预算和支出预算组成，实行"大收大支"的预算收支总额控制管理办法。因此，预算的主要内容就是收入预算和支出预算，预算编制内容为收入预算编制和支出预算编制。

1. 收入预算编制

收入预算是高校年度内通过各种形式和渠道能够获得的用于开展教学、科研等各项事业的全部资金的收入计划，主要有财政补助拨款收入预算、其他政府补助预算、教育事业收入预算、科研事业收入预算、捐赠收入及其他收入预算。由于实行财政收支两条线管理，事业收入必须上缴财政专户后再申请返拨。返拨款难以分清具体收入项目，大多以专户返拨收入来归集，但收入预算还是要按照明细收入来编制。

2. 支出预算编制

支出预算是高校年度内用于开展教学、科研等各项事业活动的全部支出计划，支出预算分总支出预算和项目明细预算。高校预算的重点是在收入既定的条件下，对支出总额进行分配，因此资金的投向是支出预算要解决的主要问题。

(五) 高校预算编制程序

高校预算的编制，不管是部门预算中的单位预算还是内部分级预算，都要经过"二上二下"的程序，即自下而上、自上而下的过程。

1. 政府部门预算中单位预算编制程序

政府部门预算编制由财政部门和教育行政主管部门布置。财政部门通知预算编制的相关拨款政策和标准以及其他有关事项；教育行政主管部门召集本部门所属的与财政部门存在拨款关系的高校和其他教育单位，布置下年度预算编制工作。

2. 高校内部分级预算编制程序

高校内部分级预算是由高校财务部门布置年度收支预算工作，公布预算编制要求和日常经费支出预算的定额标准、专项经费申报及其他相关事项说明。

（六） 预算的控制

现代高校财务管理，是通过信息化手段即计算机、互联网和财务软件来管理预算指标、控制预算支出的。

1. 预算指标的控制

高校内部分级预算最终形成年度预算并下达文件后，必须将预算项目和金额指标录入高校财务信息管理系统。预算指标管理的重点是支出预算，根据预算项目和金额，将本年度所有支出预算项目及预算金额录入财务管理信息系统中，作为年度支出指标控制数。在各项目实际支出时，系统会自动控制超过指标的支出以及没有预算项目的支出。通过计算机管理软件的自动控制，达到控制预算指标的目的。

2. 预算使用范围的控制

在预算管理中还会涉及各预算项目的特定支出范围问题，比如人员经费预算只用于人员支出，公用支出预算只用于公用不得列支人员费用，修缮专项只用于修缮等，这个问题可以通过计算机管理信息系统进行设置和控制。可以运用软件管理系统控制具体支出科目的列支范围。在预算项目实际支出时，如果超出设定科目之外，系统将自动阻止操作，以达到控制支出范围的目的。

3. 预算执行过程中的调整

单位预算经财政部门批复后，除突发性事件和政策性因素可追加预算外，其他支出项目一般不作追加，而是在编制下年度预算时加以考虑。

高校内部分级预算一旦通过校代会审议确定，并按程序下达，就必须执行学校年度预算方案，不得超预算支出。但在预算执行中如遇特殊情况需要调整或因不可预料的事件必须追加支出的，应根据授权审批管理程序进行调整或追加。

第三章 高校预算管理创新

第一节 高校预算管理概述

一、高校预算管理的定义

《高等学校财务制度》中将高校预算管理定义为："高等学校根据事业发展目标和计划编制的年度财务收支计划。"高校预算管理是学校各三级单位日常部门收入、支出的主要依据，是高校资源分配的具体体现，也是学校规模和发展动态的货币反映。

高校预算管理是财务管理的重要内容，其主要由收入预算及支出预算两个重要部分构成：预算管理贯穿高校财务活动的全过程，包括预算编制、预算执行、预算控制、预算评价四个环节。通过预算编制，明确工作目标；通过预算执行和控制，逐步实现并优化工作目标；通过预算评价，分析成果和目标之间的差距，为未来预算的编制提供信息。

二、高校预算管理的分类

（一）根据内容划分

根据内容将高校预算管理划分为收入预算管理和支出预算管理。收入预算管理是指高校对年度内各种形式及渠道可能取得的，可用于进行教学、科研及其他活动的非偿还性资金的收入计划及其管理，具体包括上级补助收入、财政补助收入、教育事业收入、科研事业收入、经营收入、附属单位上缴收入和其他收入预算管理。收入预算管理是完成高校事业项目计划的保证，体现了高校经费来源结构。

（二）根据范围划分

根据范围将高校预算管理划分为校级预算管理和所属各级预算管理。校级预算管理是指高校除国家和地方政府拨付的基本建设资金和独立核算的校办产业经营支出以外的全部资金收支计划及其管理。校级预算管理的核算直接反映学校预算收支执行情况。

三、预算管理的原则

高校预算管理总体上应当遵循"量入为出、收支平衡"的原则，收入预算上坚持"积极稳妥"的原则，支出预算上坚持"统筹兼顾、保证重点、勤俭节约"的原则。

①预算管理总体上贯彻"量入为出、收支平衡"的原则。"量入为出、收支平衡"是预算管理中收支预算的基本要求，"效率优先，兼顾公平"是预算管理中合理分配预算资源的依据和标准。学校预算资源的安排在效率优先原则的基础上，还要兼顾公平，在预算分配过程中必须立足于全局考虑。②收入预算坚持"积极稳妥"的原则。抓住当前教育发展的有利时机，挖掘潜力，积极拓展资金来源，增加收入。预算编制时，按照相关规定将学校所有收入列入预算，不遗漏，也不高估，并且充分考虑影响收入的各项因素，做到不漏算、不重复，贯彻"积极稳妥"的原则，做到收入预算项目明确、数字准确。③支出预算坚持"统筹兼顾、保证重点、勤俭节约"的原则。高校支出预算以收入为基础，必须量力而行，不能超出学校的综合财力编制赤字预算。编制的每个预算项目数据要有客观依据，要充分体现学校的办学方向和各学科差异，适应学校未来发展需要。在一切从实际出发、厉行节约、勤俭办事的前提下，分清主次、统筹兼顾、保证重点、合理地安排使用各项资金，发挥资金的最大使用效益。

四、高校预算管理的职能

随着预算管理理论的不断发展，预算管理的实践也得到进一步的深化和完善，当前高校预算管理的职能主要有以下几个方面。

（一）规划职能

预算管理以学校管理者对高校的发展预测为基础，预测能够反映高校事业的发展规划。预算的编制使高校的规划成为计划，并通过预算的执行得以实现，这体现了预算管理的规划职能。

（二）协调职能

预算管理的协调职能主要体现在以下几个方面：

第一，要实现预算总目标，各个部门的预算及其所属的其他分支预算之间必须相互协调、配合密切。

第二，预算将各部门联结在一起，合理配置资源，使高校利用有限的资源获得最大的经济效益。

第三，高校需要及时调整各项事务安排以适应外界环境的变化，以便更好地执行预算。

（三）控制职能

在预算管理过程中，控制职能作为基本职能连接整个管理过程。预算编制属于事前控制，预算执行属于事中控制，预算差异的分析属于事后控制。

第二节　高校会计与学校预算管理

高等学校预算集中反映了学校预算年度内的财务收支规模、经济业务活动的范围和方向。高等学校加强对预算编制和执行全过程的管理构成了学校财务管理的主要内容，它是高等学校进行各项财务活动的依据和前提，对学校教育事业计划的完成以及国家对高等学校的管理等都有着十分重要的意义，在学校财务管理工作中起着主导作用。

一、高等学校预算管理与会计核算

高等学校的预算管理和会计核算都是从价值角度反映高等学校的经济活动，有效的预算管理离不开会计核算为其提供以货币为计量的信息，会计核算同样也离不开预算管理对高等学校财务行为的规范。它们是相互关联、相互促进的，其共同的目的就是规范财务行为，为学校领导和有关部门提供经济信息。

首先，高等学校的预算管理是对高等学校收入、支出、结余及其分配以及资产、负债等财务资源的组织、分配和使用，它涉及高等学校会计要素的全部内容，构成了会计核算中的确认、计量、记录和会计报表编制的基础。同时，高等学校预算从事业发展总体规划的高度对学校经济行为进行了具体的计划，构成了会计核算的主要经济业务对象。从这种角度来看，会计核算是预算管理工作的细化和延伸；预算体现学校事业发展计划，核算体现计划执行的结果。预算管理和会计核算分别从高等学校经济活动发生前、发生后两个方面反映了学校的发展规模和水平。

其次，高等学校预算是学校事业发展计划和工作任务的货币表现，是高等学校日常组织收入和控制支出的依据，也便于对收支情况进行分类核算。高等学校预算收支内容与会计核算收支内容绝大部分口径是一致的，通过会计核算，能够直接反映预算收支执行情况，有利于及时掌握收支总体规模，分析和考核预算执行情况。因此，预算管理是对高等学校经济活动进行事前控制的重要措施，会计核算对预算执行进行事中控制起着重要的作用，其共同的目的就是做到收支管理相结合，积极组织收入并加强对支出的管理和监督，控制资金支出的随意性和各种浪费现象。

再次，高等学校预算一经审批确定，就对学校的各种经济行为具有极强的约束力，如果学校增加支出预算，就必须有相应的资金来源做保证，会计核算在预算的完成过程中起着重要的反映和监督作用，有利于保持收支平衡，积极依法组织收入，节约各项支出，形成自我约束机制。因此，会计核算有利于强化预算的约束性、增强高等学校预算管理的责任。

最后，财务分析和财务监督是预算管理和会计核算的重要任务之一。通过会计核算所反映的各种信息以及预算执行结果报告，可以检查和分析预算的执行状况，掌握学校内部经济活动运行规律和特点，为财务决策提供科学可靠的依据；通过对各项业务活动合理性、合法性和真实性的监督以及对财务资料的完整性、及时性和准确性的检查，可以检查预算执行进程和预算安排的合理性。财务分析和财务监督对高等学校内部建立健全符合实际的定额标准，确保事业计划的实现，合理、节约、有效地使用资金，实现经济效益和社会效益的统一具有重要的作用。

总之，高等学校的预算管理工作和会计核算工作是密切联系的，它们共同配合完成对高等学校经济活动的管理。但是，两者也有着明显的区别，体现在管理与核算的基础、对象及其职能等各个方面，有着各自的规律、特点和规范要求，这是由其基本性质所决定的。

二、高等学校预算的执行和调整

高等学校预算的执行和调整是预算管理的重要环节，它贯穿于整个预算年度的始终。预算编制是预算管理的开始，预算执行是预算管理的中间环节，而预算执行结果报告的完成才意味着一个预算管理循环的完成。

(一) 高等学校预算的执行

高等学校在收到财政部门和上级主管部门审查批准的预算后就进入了预算执行阶段。高等学校要完成事先安排的事业计划和财务收支目标，主要依靠正确地组织好预算的执行工作，即收入预算的执行、支出预算的执行和预算平衡。具体来说，预算执行中必须做好下列工作。

1. 合理分解年度预算，落实经济责任

高等学校要按照"统一领导、分级管理"的原则，及时将学校预算期内的事业发展目标和与之相应的预算收支目标分解下达到各责任单位和部门，同时要提出相应的管理目标、要求和责任，并以责任书的形式予以确定，以充分调动校内各部门理财的责任和积极性。财务处（室）在预算管理过程中，要加强对校内各部门财务管理工作的指导，合理控制用款进度，保证预算期间各阶段的资金需求。

2. 积极组织收入，保证收入计划的完成

高等学校的收入预算是完成事业计划的保证。但是，收入预算中由学校组织的那部分收入是尚未实现的，这要求高等学校必须按照规定积极组织收入，将应该取得的各项收入及时、足额地收纳入账；对应予回收的水电费、人员经费、资产占用费等，要有切实可行的目标措施；对产业收入要以责任书的方式予以确定，确保收入目标的实现。同时，要加强对收入管理的监督，检查收费是否符合有关的政策规定，应缴财政专户的收入是否及时足额上缴，各单位有无截留、占用、挪用、坐支或拖欠以及账外账和"小金库"等问题。

3. 合理控制支出，提高资金使用效益

高等学校的预算一经确定，财务部门就必须以财务制度和财经纪律为准绳，按照预算、事业进度和规定的用途使用资金，将应拨付给所属基层会计单位的资金及时、合理地拨付。在财务开支中，要坚持"一支笔"审批制度，特别是对一些大额支出或临时追加经费项目必须严格审批，避免在预算和计划之外出现新的项目，造成预算的失衡。学校各级财务机构要不断强化单位财务收支管理，充分挖掘内部潜力，增收节支，合理配置资源，提高资金的使用效益。同时，要加强对各责任单位、部门支出管理的监督工作，检查是否按照预算的安排和各项规定办理支出业务，是否划清了各种支出的界限，有无擅自扩大开支范围、标准等问题。

4. 加强预算控制和收支分析，确保年度预算的完成

在预算执行过程中，应当建立健全定期财务检查、分析和考核制度，及时掌握预算收

支执行情况，检查收支预算的执行进度是否与事业计划进度相协调，并将检查分析结果及时反馈到决策部门，以便采取相应的措施。对因事业计划的变动或者编制预算时未能考虑到的大额收支业务或因其他原因引起的收支额变动较大的项目，要及时地予以调整，以求达到新的平衡。加强预算控制和收支分析，就是要使收支计划的执行进入有效控制状态，全面实现学校事业计划和年度预算。

（二）高等学校预算的调整

为了保证预算的严肃性和有效性，高等学校预算经财政部门批准后，一般不予调整。但在预算执行过程中，为保证事业计划的实现并因特殊情况的需要，可以按照规定的程序报批后予以调整。

高等学校在预算执行过程中，如果国家有关政策或事业计划有较大调整，对学校收支预算影响较大，确须调整时，可以报请主管部门或者财政部门调整预算。如国家提高职工工资标准，出台新的补贴政策，经过批准增加、合并或者撤销机构等，高等学校可以按照实际情况，编制预算调整方案，并按规定的程序，报经主管部门或财政部门批准后，办理年度预算的调整。

高等学校在预算执行期间，如果事业计划发生了重大变化或者原定预算指标预计不周，引起收支项目和金额的变化，此时，高等学校可以自行调整。调整方案必须经过学校最高财务决策机构的审查批准，并报主管部门和财政部门备案。此种情况的预算调整一般是此增彼减，不突破原预算总额；当预算总额发生变化时，收入预算调整后，必须相应调增或调减支出预算。在没有收入来源时，不得追加支出预算。财政补助收入和从财政专户核拨的预算外资金收入一般不予调整，确需调整时，应按规定程序逐级报请主管部门或财政部门审批。

（三）预算执行结果报告

高等学校在会计年度终了后，必须按上级主管部门的要求编制年度决算，学校应在此基础上汇总编制年度预算执行结果报告，反映预算执行的实际结果。预算执行结果报告的主要内容包括事业计划的完成情况；预算收支的实际完成情况，与年初预算的差异及差异分析，预算收支的平衡情况；影响预算实际收支的重大问题及其影响程度；预算管理中存在的问题、改进措施以及经验等。预算执行结果报告是高等学校预算管理的最终环节，也是年度学校经济活动管理的总结性文件，必须做到数字准确、内容完整、说明清楚，为下年度预算的编制工作奠定良好的基础。

三、预算管理科目设置的基本原理和作用

高等学校预算的编制、审批、执行、调整和预算执行结果报告构成了高等学校预算管理循环。为了真正实现预算的作用，强化预算的约束力，加强对预算收支及其执行过程的控制，有必要建立一个有效的预算控制系统，改变高等学校会计核算与预算管理相互脱节的现象。

（一）预算管理科目设置的基本原理

根据高等学校会计制度，国家教育部门要求其直属高校在执行会计制度时，必须设置和使用"预算收入""预算分配"和"预算结余"三个管理类会计科目，并建议设置和使用"约定支付"和"约定支付准备"两个管理类会计科目。这五个会计科目构成高等学校预算管理的基本科目。其中，前三个科目主要用于反映高等学校的年度预算及其调整，评估预算的执行情况，强化预算控制；后两个科目反映高等学校对已经签订的支付合同的履约情况，是防止挪用资金和控制预算支出的重要手段。

"预算收入"核算高等学校在年度预算中确定的各类收入预算数，以及预算年度内的收入预算调整数，属收入预算控制科目；"预算分配"反映高等学校年度预算中确定的各类支出预算数，以及年度内支出预算调整数，属支出预算控制科目；"预算结余"用于核算高等学校在年度预算中确定的收支预算差额，为收支预算差额控制科目。

高等学校在确定年度预算时，按各类收入预算数借记"预算收入"科目，按各类支出预算数贷记"预算分配"科目。收入预算数大于支出预算数的部分贷记"预算结余"科目，收入预算数小于支出预算数的部分借记"预算结余"科目。在年度预算调整时，增加收入预算数，借记"预算收入"科目，贷记"预算分配"或"预算结余"科目；减少收入预算数借记"预算分配"或"预算结余"科目，贷记"预算收入"科目；增加支出预算数借记"预算收入"或"预算结余"科目，贷记"预算分配"科目；减少支出预算数借记"预算分配"科目，贷记"预算收入"或"预算结余"科目；在校内各单位或各类支出预算之间调整预算，同时借记和贷记"预算分配"科目。预算年度结束，按照调整后的年度支出预算数借记"预算分配"科目，按照调整后的年度收入预算数贷记"预算收入"科目，按照两者的差额借记或贷记"预算结余"科目。年末结账后，上述三个科目均无余额。

"约定支付"科目核算高等学校已经与其他单位签约，并需要届时付款的合同金额；"约定支付准备"科目反映高等学校为履行已经签订的合同而准备的资金，是"约定支付"科目的对应科目。高等学校在与其他单位签订合同后，尚未付款前，按合同金额借记"约定支付"科目，贷记"约定支付准备"科目；实际付款时借记"约定支付准备"科目，贷记"约定支付"科目，同时借记"应收及暂付款"等科目，贷记"银行存款"科目；如合同撤销借记"约定支付准备"科目，贷记"约定支付"科目。年末结账前，"约定支付"科目的借方余额为学校对外承诺在一定条件下将支付的款项总额，"约定支付准备"科目的贷方余额反映学校为履行合同准备的资金总额。年末结账，按科目余额借记"约定支付准备"科目，贷记"约定支付"科目，下一年度再以相反分录转回，两个科目年末均无余额。

高等学校为强化预算管理而设置的五个专用科目与会计制度中的其他科目相比，其特点表现为不参与高等学校资产、负债、净资产、收入、支出等会计要素的核算，而是按照预算金额或者合同金额记账，并且五个科目具有独立的钩稽对应关系，一般不与其他类别的科目发生关系。

（二）设置预算管理科目的作用

预算管理科目的设置和使用，从会计核算体系上为强化预算管理提供了可靠的保证，解决了高等学校会计核算和预算管理相互脱节的现象，完善了高等学校的会计核算系统，保证了会计为高等学校内部的经济决策和实施内部管理制度提供信息的全面性和准确性。具体来说，设置和运用预算管理科目的主要作用表现在以下三个方面。

1. 能够全面反映预算执行情况，促进事业计划的完成

高等学校设置和使用预算管理科目，建立了"预算收入—实际收入""未实现收入""预算分配—暂付款—实际支出—约定支付—预算余额"的关系。通过"预算收入""预算分配"科目余额与实际收入、支出类科目余额的比较，可以随时掌握收支预算的完成情况和进程，随时审查学校内部各单位、部门或者各种项目预算资金的使用和结余情况。通过分析和检查，可以及时发现预算执行与管理中存在的问题，便于及时地进行调整和制订新的管理措施，保证学校年度事业计划的顺利完成。

2. 可以全面反映年度预算调整情况，保证预算收支平衡

高等学校在预算执行过程中，往往需要根据事业发展的进程对年初安排的预算项目和金额进行适当的调整。但在实际的预算管理中，预算调整，尤其是追加预算项目或者调增

预算金额时，经常会出现带有一定盲目性和随意性的决策，给预算执行以及预算平衡工作带来较大的难度。预算管理科目的设置和使用，可以全面提供学校收支状况信息，为预算调整提供科学的依据，确保"量入为出、收支平衡"原则的实现。对于已经发生的预算调整项目，还可以根据预算管理科目及其他相关科目、凭证的记载，查明原因，防止"领导项目"或"批条子资金"现象，从而有利于"一支笔"审批制度的落实，防止预算失控。

3. 能够保证签约项目的资金来源，强化对预算支出的控制

高等学校在与外单位签订合同购置设备后，由于种种原因，往往要间隔一段时间才支付货款。从预算管理的角度来看，合同的签订就意味着支出预算数中的一部分已经被安排用于履行合约，无论是否实际支付了货款，只要合约不被撤销，这部分资金都不能另行安排使用。这种预先准备好资金的做法，比实际付款时才扣除预算指标的方法更易于防止预算支出的失控。另外，合同管理是高等学校内部管理的一个重要方面，由于种种的原因，有些合同的履行可能需要几年的时间，或者在履行的过程中出现意料之外的事情，可能会形成遗留问题，预算管理科目的使用对强化合同管理、查清遗留问题的来龙去脉都有着重要的作用。

高等学校在会计核算体系中设置和使用预算管理科目，还可以明确校内各单位、部门的责任和任务，便于进行工作业绩的考核和评价，为高等学校编制预算执行结果报告提供全面的信息。

高等学校的预算管理是学校财务管理的中心内容，但在实际的管理工作中，对预算收支的控制与管理一直采用账外控制的方式，缺乏行之有效的管理方法和手段，致使预算管理中长期存在一些难以解决的问题，制约了高等学校财务管理水平的提高。预算管理科目的设置可以满足高等学校对预算管理的基本要求，因此，建议各高等学校根据实际情况予以使用。

第三节　高校预算管理的改进与加强

一、高校预算管理改进与加强的基础工作

（一）从认识层面重视预算管理工作，强调预算管理的参与性

预算管理工作是高校最重要的工作之一，涉及学校的方方面面，因此要广泛宣传预算

管理的意义，强化学校及下属各部门领导的预算管理意识。提高他们的预算管理技能，从思想上为学校预算管理工作的有效开展奠定坚实的基础，同时应加深对高校预算管理的认识和理解，充分调动各部门、各单位的积极性、主动性。

预算作为学校管理工作的一项系统工程，绝不是财务人员单打独斗所能支撑的，要在学校的统一管理下，调动各级单位的积极性，使其参与到学校的预算管理工作中来。在预算管理中强调参与意识，可使高校预算管理更加民主与合理，积极沟通，在保证整体利益的情况下明确各自的职责及目标，提高预算指标的可靠性和预算执行的效果。

（二）规范预算管理制度，完善高校预算管理体系

高校应制定规范可行的预算管理制度，明确预算收支范围及预算编制、执行、控制、评价的程序、原则和方法。高校预算管理体系细化的程度，取决于对高校管理活动复杂情况的判断，取决于获取到的与管理相关的信息的多少。一般来说，对基本支出按照定员定额标准核定，实行零基预算；对项目支出按项目库排序，实行滚动预算；对项目评价，不采用投入式预算，而提倡产出式（绩效式）预算。在编制预算时，各预算编制参与部门须反复沟通，对所有支出项目逐一审核、评估；认真核实申报经费的内容和依据，细化收支范围、分类制定定额标准，明细核算，按项目重要程度排序，及时发现预算执行中的异常情况，找出原因予以控制；对已完成项目及时组织验收，做好预算评价。

（三）建立预算委员会，完善预算管理组织

完善的预算管理组织机构是加强高校预算管理的前提和基础，高校预算管理的组织机构应包括预算委员会、常设预算管理工作组（直属于预算委员会，负责日常预算事务的处理，由学校总会计师或财务处处长负责）及预算责任网络，其中预算委员会是最重要的部分。

预算委员会是高校预算管理的最高决策和管理机构，负责对校内各单位申报的预算进行审核，由校长直接领导。目前，各高校预算委员会的成员主要由学校各校区主管领导及下属各部门负责人构成。鉴于大多数高校实行分层次预算管理体系，为了提高预算编制的准确性，使其符合学校长期发展的需要，合理配置高校资源，加强预算管理，需要建立以教授为主体的预算委员会，选取学校知名教授及会计、财务管理、审计等学科有威望的教授进入预算委员会，以增加预算委员会的科学性和权威性，同时体现"教授治校"的高校教育管理理念。

以教授为主体的预算委员会与以分管领导为主体的预算委员会进行比较来看，可以避开学校在平衡预算方面的困扰，便于采用零基预算、绩效预算等更先进的预算方法，更合理、更科学地安排预算，提高预算资金的使用效率；以教授为主体的预算委员会还可以更好地适应教学工作，更好地支持高校教育教学改革。但是，以教授为主体的预算委员会并不能代替校领导在预算上的决策作用，它只是提高了校领导在预算决策上的科学性，最终仍然是预算委员会向校长办公会和党委常委会提出议案，由校领导进行决策。为了避免预算管理决策中的权力腐败，可以对学校领导的预算决策进行有效监督，建立大学理事会。大学理事会不是参谋机构，而是决策机构，其主要功能是监督学校的运行情况、制定高校整体发展规划、审批投资项目和经费预算。预算编制要经过听证、辩论和理事会投票决定理事会的人员组成必须体现独立性、科学性和权威性，校长可以是理事会的理事，但和其他理事会成员拥有相同的权力。这样可以从根本上解决或缓解高校预算管理中的内部人员控制问题，对领导者进行有效的权力监督。

二、预算编制的改进与加强

（一）树立预算编制的全局观念

为了更好、更快地实现高校战略，高校在编制预算时必须在预算方案中充分体现学校的主要发展目标、实践路径以及影响目标实现的关键因素。预算的编制要在学校整体规划的基础上，紧紧围绕学校的中心工作制定，以强化各部门的参与机制，使教职工更了解自己的工作职责和本部门、本学校的现实需要、发展潜力及未来变化，这样编制的预算指标一定更接近学校实际，预算的准确率也更高。

（二）做好编制预算的基础工作

第一，建立和健全预算编制机构。高校应在预算委员会指导下建立预算编制小组，负责预算编制的项目审查、定额核定、指标分解与调整等业务。各下属部门要确认一人负责预算编制工作。编制预算时，财务部门负责组织召开预算工作布置会，明确各部门预算编制人员的职责，统一预算口径。各部门根据预算编制小组下达的预算目标，结合本部门的特点，提出本部门的具体预算方案。预算编制小组根据学校的发展规划和实际情况对各部门上报的预算方案进行审查、汇总，综合平衡，提出修改建议，以保证高校总预算的准确度。

第二，在编制年度预算之前，要认真学习上级部门颁布的预算编制及其他文件，领会高等教育的政策变化，了解新的收支标准；把握学校的年度工作要点，明确重点项目和常规项目，保证预算编制的政策性、科学性；核实预算年度教职工人数、招生人数、毕业生人数等各项基本数字较以前的变化，确保预算编制中定额标准的准确性。

第三，对上年预算管理工作进行分析和总结。财务部门要认真分析上年度的预算编制和预算执行情况，分析各项预算标准完成或未完成的原因，找出问题，总结经验；在广泛听取各部门预算编制要求的基础上，汇总各单位材料，充分论证，对合理的建议和意见及时采纳，对上年预算中出现的问题进行有效的改进和调整，使预算的编制更加科学、合理。

（三）协调高校预算与财政部门预算

当前来看，财政部门的预算改革远远超前于高校预算改革，财政部门应根据高校的管理需要，尽早出台相关的预算调整办法和审批程序。在相关文件出台前，高校的预算编制工作应做好以下两点：第一，编报时间要衔接。高校的预算一般在上年年底编制，预算年初发至各部门执行，而部门预算的编制时间较早。为了与部门预算相配合，高校的预算编制也应适当提前。第二，高校会计科目的修订。目前的高校会计科目在科目设置、核算口径和内容上均与部门预算不相适应，不利于预算的执行和控制。只有将科目设置加以完善，进一步明确适用范围及口径，增加科目或扩展科目内涵，才能为高校预算与部门预算的协调一致奠定基础。

（四）多种预算编制方法结合使用

当前高校不合理的预算编制方法影响了高校预算管理的效果。预算编制方法的改革，不是简单地抛弃过去的方法，采用全新的预算编制方法，而是在预算编制时，根据当时的具体情况，将零基预算、复式预算、滚动预算、绩效预算等方法结合使用。

零基预算是一种对所有的预算支出均以零为起点的预算编制方法。它打破了以前年度的习惯，重新研究、分析和判断每项预算支出的必要性和具体额度。高校在确定各部门、各项目的预算数时，可采用零基预算方法。如对教职工工资性支出，按照标准逐人重新核定；对事业性支出、人员经费支出等重新分类，将预算编制到具体项目中。零基预算方法有助于压缩经常性经费开支，优化支出结构，将有限的资源用于学校发展最需要的项目上。与传统的增量法相比，有明显的优越性。

对建设性支出预算，高校可采用复式预算方法：一是将学校总预算分为经常性支出和建设性支出两部分；二是将建设性支出预算依照项目重要程度建立项目库，并根据实际进展及时进行相应调整；三是根据学校的资金情况依次安排。在建设性支出预算的执行过程中，可以根据学校预算收入的增加或者经常性支出预算的节支调整建设性支出的金额，依次递补滚动预算方法考虑中长期发展规划与资金供给的协调关系。在编制学校的中长期预算时，应采用滚动预算的方法。运用滚动预算方法可以依据学校实际对中长期预算不断地进行调整和修订，以避免中长期预算因期间过长脱离实际而引起的盲目性，进而提高预算编制的科学性和准确性，充分发挥预算的指导作用。

在编制校内部门预算时，可采用绩效预算的方法。绩效预算方法将部门预算经费与其工作任务、工作业绩及其所产生的效益或效果直接挂钩，实行浮动的激励措施，加强学校对部门经费预算的管理、督导和考评。

（五）远近结合，编制中长期预算

高校的中长期预算编制除了上面所述可以与赤字预算相配合外，还具有更重要的意义。可持续发展是高校生存的首要目标，而中长期财务预算是高校可持续发展的基本保障。中长期预算是基于高校长远发展的更高层次的预算，可以是 3～5 年期预算，甚至可以是 10 年期预算或更长。中长期预算编制时要将学校的营运与发展相结合，充分考虑可持续发展，紧紧围绕高校的战略目标来进行。中长期预算的编制还要注意不同时期、不同阶段的变化，要根据预算对象的多元化，突出不同的预算重点，既要立足眼前又要兼顾未来。

（六）适度赤字预算

高校预算管理一直在"量入为出、收支平衡"的原则指导下进行，但如今高校预算的编制应该突破以往的约束，条件许可的高校可实行适度赤字预算。在高校支出逐渐增加，资金供求矛盾日趋严重的情况下，采用适度赤字预算可以保障高校重点发展目标的实现。这里所倡导的适度赤字预算不是永久性的赤字预算报告，而是在特定时期内的短期存在，若从高校发展的中长期来看，赤字应逐步减小，直至消除。

在特定时间内编制适度赤字预算，有助于高校中长期发展及科学规划，能够集中财力在短时间内办大事，保证学校重点项目的完成。赤字预算打破常规的发展方式，抓住发展机遇，明显提高学校的办学条件或科研水平，提高学校的竞争力；综合权衡财务费用和未来通货膨胀对教育资金的影响以及高校所获不动产、无形资产的未来升值，编制赤字预算更是利大于弊，高校要在除目前以一年为期的常规年度预算外，补充编制中长期预算，将期间年度预算和学校的中长期发展规划结合考虑。克服过去仅有年度预算而带来的短期行为，使得学校的预算收入能够在未来更长的时期内实现动态平衡。即允许某些年度预算结余和另外一些年度的预算赤字，使高校在未来一定时期内（2~3 年）实现自我调节，从而使预算编制贴近高校的发展实际，充分实现资金的使用效益。

（七）下属部门编制责任预算

高校各下属部门有使用预算经费的权利，也必然要对预算编制负有责任。编制责任预算，必须设置责任标准。高校各部门（责任中心）在申报部门预算支出草案时，要同时申报经费支出报告，阐明各项预算经费的原因、金额标准、预期使用时间、责任目标以及按照预算使用经费的承诺书。财务部门在收到预算经费支出编制报告后，编制预算收支报表和资金流量计划表，并将各部门的预算目标统计归总，提交预算委员会讨论。对于预算期内责任目标的设定，如果全部交由各部门（责任中心）完成将造成预算管理松弛，若完全由预算委员会设定则容易脱离实际，理想的编制责任预算应是两者的结合：制定方针—责任中心编制—责任中心上报—学校汇总—委员会讨论决定。

（八）合理预算收入，科学安排支出

预算编制包括收入预算编制和支出预算编制。高校收入预算编制必须坚持稳健性原则，把学校正常条件下可以实现的合规、合法收入全部纳入学校的预算编制，不得高估收入，将无经济依据的收入纳入预算；当然也不能过于保守隐藏收入，使收入预算失去可靠性，进而影响支出预算的合理编制。要把收入预算编制工作落实到各下属部门，按来源测算收入，并按部门汇总，使收入预算编制更加具体、准确。对于高校取得的商业银行贷款，作为一项资金来源可对应相关支出，需要注意的是，商业银行贷款所对应的支出主要是高校的基本建设支出，在编制预算时，原则上不得将商业银行贷款对应学校基本建设支出以外的项目支出。

高校预算支出的编制需要将实事求是、科学客观当作出发点。支出预算编制应符合学校的实际情况，预算编制的支出项目和金额要真实体现下属部门的事业效果；支出预算编制时要注重支出结构的优化，分清轻重缓急，倡导勤俭节约。例如，对于公用经费的预算要根据各院系、行政部门等经费性质的不同，实行分类分档编制，院系按学生人数、层

次，根据日常维持费、实验实习费等综合定额与专项定额相结合的方式确定公用经费；行政部门按照职责范围的不同，制定不同的分类分项定额，并辅以特殊支出如学科建设、教改项目等的专项补助；后勤经费对绿化、保洁、水、电消耗等，按经费的不同用途，分别按照学生人数、保洁面积或实际成本消耗等，采取不同的标准确定经费额度。

三、预算执行的改进与加强

再好的预算，若离开有效的执行，也只能是一纸空文，因此严格地执行预算是保证预算管理落到实处的关键环节。

（一）完善国库集中支付制度

完善国库集中支付制度是保证高校预算执行效果的基础和前提。修订与国库集中支付不相适应的法律规章，完善相关的管理办法：保留学校基本账户，对学校非税收入采用集中汇缴方式，并以基本账户作为非税收入过渡户，归集、记录、结算非税收入款项；允许学校零余额账户向学校基本账户和基建账户转付特定的资金，以解决项目资金归属、基本建设拨款、向后勤集团和分校区划拨资金等国库改革中遇到的各种问题。

（二）强化内部控制

建立和强化高校的内部控制制度，有利于预算的执行。在资金有限的条件下，加强财务监督，在资金运作的全过程建立有效的内部控制，以防止资金使用过程中的错误和舞弊的发生，提高资金的使用效益和预算执行的效果。高校可以建立有效的支出内部控制，如差旅费、电话费、招待费等公用支出，实行按支出标准的定额管理；水电费由各部门落实包干；建立采购和领用内部控制：对材料、办公用品等设立材料仓库明细账，进行定期或不定期材料盘点；对教学科研仪器设备做到全校一盘棋，建立全校统一的实验中心，实验中心按照企业成本核算方法实行内部核算，使用实验室设备要收取相应的费用，收取的费用用于设备的维护和更新。

（三）强化政府集中采购管理

要做到预算执行与预算相一致，还要强化政府集中采购管理。如今，高校规模逐渐扩大，内部管理权限越来越分散，商品采购品种多、技术含量高、时效性强，政府采购具有时间长、审批严、程序多的特点，在政府集中采购管理下，高校预算执行要做到预算编制相一致确实不易。因此，积极强化政府集中采购管理，在保证效果的情况下缩短审批时间，对有效执行预算，规范和管理国库现金及债务，及时准确地提供完整的预算执行报告具有重要的意义。

（四）细化预算

预算的明确、细化是有效执行预算管理的重要前提。将预算项目、目的、经费、责任、指标、定额等全方位进行细化，分解到每个参与部门与个人，可以保证预算执行有章可循，提高工作效率，防止扯皮；预算细化还有利于费用分析，寻求节约执行预算成本的有效途径；分解到人的指标和定额细化还有助于预算执行结果的考核。

（五）人本管理

在预算执行中提倡人本主义，通过内在激励，使教职工自觉执行预算，达到事半功倍的效果。预算执行是建立在财务指标基础上的人的行为管理，管理的核心是人，因而必须摒弃以往"以物为本""绝对服从"的旧思想，树立"以人为本"的预算管理新观念。

以人为本的预算执行要求对预算执行者适当授权，通过财权和事权的下放，监督权和处置权的集中，在高校中实现分权与集权的统一，以增强教职工的主人翁责任感，从而提高预算执行的效果。高校要建立相互关心、互相帮助、彼此尊重与信赖的有利于预算执行的工作环境，从而提高工作效率，增强各项事业任务完成的效果。

（六）严格预算执行

在预算执行期间，不允许随意追加、削减预算，下属部门必须在部门年度财务预算计划数额以内使用；必须超预算支出的，应按照规定先申请预算调整，经批准后方可按新的预算方案执行。

高校要将非税收入全部纳入学校预算管理，确保预算收入的实现。在支出方面，设定审批权限，严格执行预算，对超出定额或预算标准支出的项目，一律不予支出。不论是学校领导，还是下属部门负责人，不论其权大权小，都不能在已批准预算外随意变更预算。各部门负责人对本部门预算支出业务的合法性、真实性及用款进度按规定权限审定，财务部门依据原始凭证和已批准预算对全校经济业务的合法性，以及原始凭证的合理性负责，对预算、超预算的开支，有权拒绝执行。预算执行中除发生预算项目确实不能继续或不需继续的情况外，都要严格执行，以保证预算管理的严肃性，实现高校发展目标。

四、预算控制的改进与加强

（一）加强事中控制

加强事中控制主要表现在硬化预算约束上，要强调"以预算为中心"的预算控制原则。预算年度开始后预算尚未批准前，各部门可根据上年度同期的预算数额安排支出，但预算一经批准，除国家政策或招生规模等不可控因素造成的影响外，对预算的变更一定要严格控制，不得擅自调整。同时为了便于事中预算控制的有效实施，对各项目预算经费可以采取分季划拨、年终汇算的拨付方式，从而均衡地控制整个预算期内的项目实施。好的预算方案是进行预算事中有效控制的基础，所以各高校要尽力提高预算编制水平，严格预算编制程序和审批手续，增强预算的准确性和科学性，不留缺口。

（二）改进预算控制方式

高校预算控制包括纵向控制和横向控制两项。对预算控制方式的改进也应从这两个方面入手，既要加强财政、教育等主管部门对高校预算管理的纵向控制，又要加强校内预算控制。首先，要建立由财政、审计、社会中介机构、社会舆论等部门或组织共同构成的覆盖事前、事中、事后的纵向高校预算控制体系，强化控制职责，加强高校预算控制力度。高校预算控制体系从高校预算申报起就开始进行严格的审查，对预算执行和预算绩效评价等进行有效的控制。预算控制的内容除对程序的监督外，还包括对具体内容的控制。其次，要完善高校内部横向预算控制制度。将学校全部资金纳入控制体系，明确财务、审计等各部门的职责分工，做到相互协调，信息共享，强化校内预算控制。最后，要实现学校预算公开化。将预算定期向全校师生公布，接受监督，并在预算执行后和预算评价时，接受师生的评议，真正做到预算控制透明化，将预算控制落到实处。

（三）改进预算控制手段

1. 设置多段监控点

在预算执行开始后，财务部门要注意及时设置预算控制额度。实行计算机报账系统的高校，可设置多段监控点控制日常经费的预算。这样有利于控制预算支出进度和资金流量，使预算支出均衡地发生，杜绝突击使用经费的情况，提高资金使用效益，防止预算宽余，也有利于日后预算评价的实施。目前大多数高校分上半年和下半年两段实施监控时，上半年预算支出安排一般为总预算的 45%，下半年预算支出安排则为总预算的 55%，这样既前紧后松留有余地，又基本上保证了预算支出的均衡发生。另外，也可以通过类似的方法实施月度、季度的多点监控，使得预算支出适时和发生均衡。这种方法适合日常费用的控制。

2. 建立有效的分析机制

为了实施有效的预算控制，财务部门应按责任中心编制预算统计表，其中包括以支出功能分类和以支出经济分类为统计口径的两种预算统计表总量，平衡预算统计表便于事中控制分析，财务处根据预算统计表按月比较实际发生额与预算之间的差异。并通知各责任中心的预算负责人进行分析和控制，以利于本期预算的执行和下期预算的编制对于预算差异的分析，主要从以下几个方面进行：

第一，账务处理正确性的判断。高校会计核算时，要判断收入、支出的入账时间、科目、金额是否正确，以及与已批准的预算方案是否一致。

第二，外部条件变化的判断。要判断是否存在由于高校外部条件变化而导致的预算定额标准的变化。预算中拟购入某产品或服务，由于技术进步等原因，发现购买另外的产品或服务更能够节约资金或满足需要等对于外部条件变化导致的差异，可能造成预算超支，也可能节约预算经费，预算管理部门要重点分析，做出正确判断。

第三，内部环境变化的判断。学校内部环境的变化也会造成预算执行时出现不能预期的情况。比如某部门突然接到任务，要求安排计划外活动；或者项目比预期更重要，难度也更大，实际花费的时间和资金比预算要多得多。高校应实时监督预算的执行情况，定时做出分析，找到预算差异的真正原因并实施控制。

(四) 借助网络手段实时控制

如今信息技术不断发展，高校可以开发相应的财务和管理软件，充分利用日益发达的网络，进行预算支出和使用的查询，使各部门可以随时随地确认自己的预算执行情况，并与已经细化的预算方案相比较，实施部门预算控制。除可以查询预算支出使用外，还可以在财务和管理软件中增加横向、纵向比较指标，一方面可以使部门负责人对本部门的预算支出额、项目进展程度等全面了解，另一方面也可以对本部门的预算支出绩效做横向和纵向比较。

五、对财务风险合理进行控制

高校预算评价是根据预算目标进行的全面考核，是对高校预算执行情况及效果做出的全面、准确、客观、合理的描述。评价高校预算评价，既要考评高校资源总量是否符合高校整体运行的客观要求，还要考评资源的使用效益是否最大。这是发展高等教育事业和优化高等教育资源配置的要求，也是完善现行高校预算管理体制的内在要求。

（一）建立健全预算评价体系

高校要加强对预算执行情况的评价与考核来提高预算执行效果，改进预算编制的程序和方法，激发广大教职工工作的积极性。高校预算评价必须通过一套科学、合理且行之有效的评价体系实施。建立健全科学、可行的考评机制是开展预算考评的基础。高校应按照科学、实用、重要、完整相统一的基本原则建立以绩效为核心的预算考核评价系统。构建高校预算评价指标体系，积极开展预算评价，是高校合理配置资源和提高资金运行效益的有效手段。评价系统一旦建立需要长期稳定，不能朝令夕改令员工无所适从。评价系统的长期稳定除可以使各个部门、各个员工明确考核依据，按照既定目标不断努力外，还可以保证评价结果的纵向可比，以此来全面掌控一定时期内预算的总体运行状况。

高校建立健全预算评价体系，首先要确定预算评价的领导组织机构和相应的评价监督制约机制，实现预算评价工作的制度化和规范化。预算评价体系的设计要兼顾社会效益、经济效益，项目投资评价预算评价指标的设定应遵循短期、长期效益相结合和定量、定性相结合的原则。由于各高校的类型不同、规模不同、层次不同，其所建立的预算评价指标体系也很难完全统一，但是合理的高校预算评价体系一般应包括平衡计分卡评价体系和关键指标评价体系两部分。这两部分均采用量化标准，以绩效目标为出发点进行设置，通常来看，高校预算评价的关键指标体系至少应包括以下具体指标：财务综合实力评价指标，用来评价高校经费来源及学校规模和办学条件的指标；运行绩效评价指标，包括经费自筹率、高校年度收支比、校办产业资本增值率、学科建设评价指标、人才培养评价指标等；发展潜力评价指标，包括现金净额增长率、自有资金动用程度等；偿债能力评价指标，包括资产负债率、流动比率、速动比率等。除预算评价的关键指标体系外，构建高校预算评价体系还要制定切实可行的绩效考评工作程序和考核指标，以及按照绩效考评结果实施奖惩的制度。

（二）强化预算执行结果的分析

预算执行结果的全面分析是高校预算评价重要的基础工作。高校预算执行结果的全面分析是指对校级预算和各部门预算的执行效果、执行差异的原因分析，并提出改进措施，编制预算结果分析报告的过程。

第一，要合理界定预算分析的内容。预算执行结果分析包括预算收入执行分析和预算支出执行分析两部分，高校预算收入按来源分为外部收入和自创收入两大类。外部收入包括财政拨款收入、社会捐赠收入等；自创收入包括学费收入、产学研合作收入等事业收入和经营收入。高校预算支出按资金流向分为教学业务费、教学管理费，教学业务费是与教学科研直接相关的支出，包括教师课酬、教学设备费、资料费等；教学管理费是与教学科研间接相关的支出，如管理部门的接待费、办公费、办公室人员支出等。

第二，要选择合适的分析方法。高校要根据分析目的和内容选择适合的分析方法，做出公正、客观的分析。目前，高校预算执行结果分析的可选择方法有比较分析法、因素分析法、差额分析法等。随着财务分析理论和实践的不断发展，还会有更多更好的方法以备选用。

第三，要坚持全面分析与重点分析相结合的原则。对预算执行结果的分析是建立在对学校经济活动的整体情况全面把握基础上的，只有全面了解学校运行的整体情况，才能分析预算收支的执行情况，分析预算数与实际数的差异原因，总结预算执行中的经验和问题，提出改进意见和措施，为下一年度的预算编制打下良好基础。同时，还要杜绝没有重点的全面分析，结合高校实际对预算年度经济活动的主要方面进行重点分析，有利于形成正确的分析结论，取得事半功倍的效果。

第四，差异分析是预算执行结果分析的重点。高校预算执行结果分析的重点应放在分析差异及产生差异的原因上。预算收入执行分析的重点是发现预算年度各项实际收入与预算收入的差异，并找出导致收入增加或减少的原因，形成报表及书面报告；对预算支出执行结果的分析重点是对各项目经费的支出、结余、任务完成率等情况做分项分类详细说明，并形成报表及书面报告。差异分析要从定量和定性两个方面进行。定量方面分析收支的进度与结构、偏离预算的差异大小等；定性方面分析产生实际与预算差异的主客观原因。公正的分析结论不仅可以用来作为预算评价，也对未来的预算管理提供基本材料，是高校提高管理水平的重要依据。差异分析还分为横向差异分析和纵向差异分析。横向差异分析是指学校可以选取合适指标与同类型、同规模学校进行比较，也可以在学校内各院系间进行指标比较；纵向差异分析即学校自身选择以前年度同类指标进行比较。无论横向差异分析还是纵向差异分析均需考虑比较对象间的可比性，切忌盲目比较。

（三）分部门实施预算评价

在高校整体预算评价体系下，针对重要预算项目和部门的包干经费，高校应设定不同的预算评价指标和标准，分别进行预算评价，考核其经济活动的真实性、合法性、科学性、效益性，并将评价结果与各项目或部门负责人的业绩评价相结合，实施激励。各部门的预算评价指标综合来说可以从以下三个方面来设计。

一是投入。投入指标如资金、人力、场所、设备等，用于衡量预算项目所消耗的资源，包括"生均教学经费""生均教学面积""生均教学设备"等指标。成本测算对采用投入指标进行预算评价的部分具有重要作用，需要完善相应的会计核算系统。

二是产出。产出指标是预算期内完成的工作、提供服务或产品的数量，包括"收入完成数""毕业生一次性人数""自筹经费完成数""接待来宾次数""档案入档册数"等指标。产出指标的计算相对比较容易。

三是结果。结果指标用来衡量项目或服务的结果，包括各院系的"英语四、六级通过比例""国家资格考试通过数"等指标；各科研单位的"国家级课题占全部课题金额比例""国家级课题占全部课题数量比例""有国际影响文章发表数"等指标；管理部门的"收入预算完成比率""支出预算完成比率""解决来访问题满意率""处理问题及时率""各项检查合格率"等指标；后勤部门的"绿化率""食堂就餐率"等结果指标是预算评价指标体系中最重要的部分。

根据部门和指标特点对不同部门采用不同的预算评价指标进行考核有利于各部门的业务发展和激励。例如，对各部门的预算评价，重点应放在节支增效上；对专项工程的预算评价，重点应放在"决算（比预算）节支程度""验收工程质量是否达标"上。同时各高校的情况不同，需要根据各自的具体条件安排部门预算评价，在全部高校建立统一的预算评价体系往往达不到考核的目的，对各高校的发展也不利。

（四）根据评价结果实施激励

预算评价必须以激励机制为补充，否则就没有意义。而激励也只有以预算评价为基础，才能有的放矢，要根据评价结果对部门和个人进行必要的物质、精神奖励或惩戒。明确的激励制度，可以让各部门和教职工在预算执行前就了解业绩与激励之间的关系，将个人、小团体与学校的整体目标紧密结合，保证预算执行的效果。如果激励机制不合理、不完善，往往会使预算评价流于形式，评价指标将丧失约束作用，预算管理会失去应有的功效。在进行预算评价时要客观公正、结合实际，形成准确、科学的评价结果，充分调动教职工的积极性和创造性。激励要坚持责权一致的原则，坚决按照规定兑现奖惩，有奖有罚，赏罚分明，不打折扣，保证预算的严肃性和学校目标的实现，确立预算管理在高校的核心地位。设计与完善高校激励机制，并与预算评价相配合，能够更好地促进预算管理的实施，这也是学校管理中应当考虑的重要问题。

第四章 高校财务成本与资产管理创新

第一节 高校成本管理概述

一、高等学校的社会定位

就目前的情况来说，各类组织大致分为以下两种类型：一种类型是非营利性组织，另一种类型是营利性组织。营利组织是以营利为目的，其最终目标是最大限度地获取回报和收益。非营利组织，其成立的目的不在于营利，按照囊括的范围，可以将其分为广义的非营利组织和狭义的非营利组织。包括除企业组织之外的其他全部社会组织属于广义的非营利组织概念，而把政府部门排除在外的则是狭义的非营利组织概念。结合我国的实际，可以从下述方面去理解非营利组织的特征：①它所提供的是一种具有公益性的公共产品或准公共产品，并且所提供的这种服务是一种整体性的，这个整体既可以是某个社团，抑或某一行政区域，甚至是全体国民。②区别于营利组织的最大特点在于它所提供的产品或服务的非营利性。获取额外收益是营利组织提供产品或服务的最根本的目的，而对于非营利组织来说，由于其对外提供服务或产品的非营利性，决定了它为全社会的整体利益考虑的出发点，在对外提供产品或服务时一般不收费或低于成本收费，所追求的不是收益。这一点是营利组织所不能或不愿做到的。③这种服务不以获取回报为目的。非营利组织运行过程中所需的资财，全部或部分地来自政府预算拨款、接受捐赠等，因此在其开始运行时便是不图回报的，不会像营利组织那样从中获得经济利益。④非营利组织的管理者承担受托经济责任，并且在资财的使用方面受到提供者的限制。由于非营利组织的资财有很大一部分来自政府和捐赠人，因此其管理者就对资财的有效运用承担相应的受托经济责任，需要对资财的取得、运用、处置及产生的效果等方面做详尽的记录，以便资财的委托人对其经济责任履行情况进行考核及评价。⑤非营利组织财务报告不提供财务业绩信息。非营利组织会计主要是确认、计量、记录和报告财务收支活动及其受托责任的履行情况。对于非营利组织来说，一方面由于非营利组织的财务资源不是出资人以投资的方式投入的，因而没有所有者权益要素。另一方面出资人又不要求经济回报，没有利润计量要求，因而在会计要素中又没有利润要素。所以，在它所对外提供的财务报告中，主要报告其财务状况和出资人资财的收入、支出及结余情况，而不报告经营状况和财务成果。

基于非营利组织的上述特征，结合高等学校的产品属性和产品的消费特征以及高等学校所提供的教育服务的准公共产品特征，将我国高等学校定位为非营利组织，与当今世界各国对高等学校的社会定位保持了一致性。

二、高等学校教育成本核算的目标

非营利组织在 20 世纪 50 年代以后得到了飞速的发展，其耗费的资源占国民收入很大比重，非营利组织的这种扩展和对资源的巨大耗费，使得各国财政不堪重负。于是，人们对日益庞大且各方面资源耗用较大的非营利组织的关注度大大增加，继而对非营利组织的低效率提出了尖锐的指责，并要求它们报告业绩的呼声日渐激烈。在这种环境下，政府部门和会计界开始关注非营利组织提供运营业绩、成本信息的问题，各国在研究、制定非营利组织会计准则的过程中，也开始涉及了非营利组织的业绩和成本信息问题。

①在现有和潜在的资财供给者和其他用户做出向非营利组织分配资财的合理决策时，向他们提供所需的有用信息。②在现有和潜在的资财供给者和其他用户对非营利组织所提供劳务及其持续供给这些劳务的能力进行评估时，向他们提供有助于评估的相关信息。③在现有和潜在的资财供给者和其他用户对某一非营利组织的经理人员履行其操持经营责任和其他各方面业绩进行评估时，向他们提供有助于评估的相关信息。④应能够提供关于某一非营利组织的经济资财和净资财的详细情况，以及由于某种交易、事项或发生的某种情况所引起的资财和表现在这些资财上的权利变动情况。⑤应能够提供对评估某一组织最为有用报告期内业绩以及该组织在劳务方面所花费力量和所得成绩的信息，并能分期计量一个非营利组织净资财在资财、金额和性质上的变动。⑥应能够提供某一组织的现金或其他流动资财的获取及使用情况、借款的取得和偿还情况，以及对资财流动性产生影响的其他因素的信息。⑦对相关财务信息应有必要的说明和解释，以有助于用户理解。

我国最新修订的《企业会计准则》中，把财务会计报告的使用者（也就是企业会计信息的使用者）归结为投资者、债权人、政府及其有关部门和社会公众等 4 大类，根据这一分类，结合我国行政事业单位会计准则及高等学校非营利的特点，概括以下 5 类人员及单位为会计信息的使用者：

第1类：包括政府部门、单位和个人在内的出资人和捐资人。

第2类：包括向学校提供贷款的金融机构，向学校提供货物的供应商、对学校享有债权的其他单位在内的债权人。

第3类：包括教育主管部门及财政、税收、国有资产管理、审计、计划统计等与学校联系较为密切的综合部门在内的相关政府宏观管理部门。

第4类：学校内部的管理部门和教职工等。

第5类：可能是出资人，也可能不是出资人的学生及其家长。

我国《企业会计准则》对财务报告基本目标做了如下规定：财务会计报告的目标是向财务会计报告的使用者提供与企业财务状况、经营成果和现金流量等有关的会计信息，反映企业管理层受托责任履行情况，有助于财务会计报告使用者做出经济决策。

结合上述我国高等学校会计信息使用者情况及我国《企业会计准则》对财务报告基本目标的相关规定，同时参考对非营利组织财务报告目标方面的国内外现阶段的研究成果，最终将以下几个方面确定为被视为非营利组织的我国高等学校的财务会计报告的具体目标：①基于对学校的财务状况做出相应评价的目的，而将学校在资产及负债的构成、规模、流动性及其变动情况提供给报告的使用者。②基于对学校的收支情况做出相应评价的目的，而将学校的收入、支出、成本以及提供教育服务所取得的相应的业绩、效率与效果等信息提供给报告使用者。③基于对学校现金流量前景、持续运作能力所作估计的考虑，而将学校目前的现金流入、流出及其增减变动净额方面的信息提供给报告使用者。④基于帮助出资人和捐资人做出是否继续出资、捐资的决策以及对评价学校净资产的保全情况、持续服务的能力和经营管理责任的执行情况做出评价的考虑，而将学校净资产及其变动情况以及对出资和捐资的使用情况等信息提供给报告使用者。

在上述目标中，很显然把提供教育成本信息作为高校财务报告的目标之一。而如果把提供教育成本信息确定为高校财务报告的目标之一，那么高等学校就必须建立相应的教育成本核算制度并编制教育成本报告，高等学校教育成本核算的目标应是编制教育成本报告并向报告使用者提供决策有用的信息。

三、高等学校教育成本核算的对象

成本核算对象是指在计算产品成本的过程中，对于产品制造过程中所发生的各项生产费用所应归集、分配到的具体的承担客体。对于企业而言，它所发生的各种资源的耗费均围绕着一定的产品进行，因此它的成本核算对象就是它发生资源耗费所指向的那种产品。同理，对于高等学校而言，由于其所发生的各项资源耗费都与所提供的各类教育服务相关，因此它的成本核算对象相应的就应该是教育产品。

具体到教育产品，理论界存在着不同的看法。一种观点认为，教育是一种培养人的社会活动，因此教育产品就应是学校所培养出的各种类型、质量水平的人才；另一种观点认为，教育产品是学生知识的增加、技能的提高，以及在其接受教育过程中所形成的社会主流价值观念、行为规则的养成等。

为了准确核算教育成本，高校就必须分层次、分专业进行核算和分析，不仅要按照学生的学历层次分别核算教育成本，还要按照不同的分类方式进一步细化教育成本。

四、高等学校教育成本核算项目的确认

当前情况下，高等学校进行教育成本核算只能在现有的会计制度条件下，利用已有的会计资料进行。而现行高等学校会计制度下的会计资料所反映的只是货币购买资源的消耗，因此高等学校为提供各类高等教育服务所发生的各种耗费均以各类支出的形式体现，全面反映了高等学校为开展业务活动和其他活动所发生的各项资金耗费及损失，从而构成了高等学校会计核算和监督的主要内容，并对高等学校教育成本核算项目的确认有着重大的影响。基于此，下面先对高等学校支出、教育成本加以区分，继而对高等学校支出进行分类，再按照高等学校教育成本核算的需要对高等学校教育成本进行必要的分类，最后确定出高等学校教育成本核算的项目。

（一）高等学校教育成本与高等学校支出的联系与区别

1. 高等学校教育成本与高等学校支出的联系

高等学校教育成本与教育事业支出的联系在于两者的内涵相同，均包括所消耗的物化劳动转移价值和以工资形式支付的劳动价值。从经济内容的角度上来看，二者均包括人员支出、公用支出、对个人和家庭的补助支出等；从经济用途的角度上来看，二者的构成又都包括教学支出、科研支出、业务辅助支出、行政管理支出、学生事务支出等内容。

2. 高等学校教育成本与高等学校支出的区别

（1）高等学校教育成本与事业支出的外延不同

高等学校教育成本是提供高等教育服务发生的支出总和。高等学校支出是高等学校在一定期间发生的支出总和，高等学校支出在外延上要大于高等学校教育成本。具体来讲，

在高等学校支出中，那些与提供高等教育服务有关的支出，应全部或部分计入高等学校教育成本；而那些与提供高等教育服务无关的支出，则无须计入高等学校教育成本。

（2）高等学校教育成本与高等学校支出的核算基础不同

高等学校教育成本核算的基础是权责发生制，按照权责发生制的原则，凡属于本期的支出，不管现金支付与否，均应计入当期教育成本；凡不属于本期的支出，即使现金已经支付，也不应计入当期教育成本。而在目前，高等学校支出的核算基础是收付实现制，对于发生的支出，凡是在本期支付了现金的，不论这部分支出是否应归属于本期，均作为本期的支出；凡未在本期支付现金，即使在本期发生，也不作为本期的支出。

（3）计算高等学校教育成本与高等学校支出的期间不同

用以计算高等学校教育成本的会计期间是按照高等学校提供教育服务的周期——学年确定的，而用以计算高等学校支出的会计期间则是按公历年度确定的。

（二）高等学校支出的分类

为了全面反映高等学校教育成本的构成，便于进行高等学校教育成本的分析，应对高等学校教育成本按照不同的标准进行分类，而这一分类又必须在高等学校支出分类的基础上进行。因此，在进行高等学校教育成本分类前，必须对高等学校支出的分类予以全面了解。

1. 按照《高等学校会计制度》要求的高等学校支出分类

高等学校按照教育部颁布的《高等学校会计制度》要求，在支出的划分上有事业支出、经营支出、上缴上级支出、对附属单位补助、拨出经费和结转自筹基建支出等6类。

（1）事业支出

事业支出是指高等学校发生在开展教学、科研及其辅助活动上的支出，包括教育事业支出和科研事业支出。高等学校从事教学和科研活动发生的直接成本和间接成本均体现在事业支出中。

按照支出的经济内容，将事业支出具体划分为包括基本工资、补助工资、其他工资、职工福利费、社会保障费、助学金、公务费、业务费、设备购置费、修缮费、其他费用和业务招待费等在内的12类支出。

按照支出的用途，将事业支出具体划分为教学支出、科研支出、业务辅助支出、行政管理支出、后勤支出、学生事务支出、离退休保障支出、其他支出等8大类支出。

事业支出按内容分为人员支出、公用支出、对个人和家庭的补助支出等3大类支出。

事业支出按性质可分为基本支出和项目支出两大类。前者核算事业单位为保障其正常运转，完成日常教学工作任务所发生的支出；后者核算事业单位为完成其特定的事业发展目标所发生的支出。非限制性基金的核算内容与我国基本支出的规定基本相同；限制性基金则类似于我国的项目支出，但核算内容比我国丰富，可根据学校核算的需要分成更多的类型，如科研基金、捐赠基金等，以便清晰地核算各类限制性基金的收支和结余情况。

（2）经营支出

经营支出是指高等学校在教学、科研及辅助活动之外开展非独立核算经营活动发生的支出。

（3）上缴上级支出

上缴上级支出是指高等学校按规定标准或比例上缴上级单位的支出。

（4）对附属单位补助

对附属单位补助是指高等学校用财政补助收入之外的资金补助附属单位所发生的支出，包括专项补助和非专项补助。

（5）拨出经费

拨出经费是指高等学校按照规定的预算拨付给附属单位的财政补助经费。

（6）结转自筹基建支出

结转自筹基建支出是指高等学校经批准用财政补助收入以外的资金安排基本建设的支出。

2. 按经济内容分类

高等学校支出按经济内容分类，可以分为若干个支出要素。为了核算高等学校教育成本的需要，下面将高等学校支出归纳为下述 5 大类：

（1）人员支出

人员支出是指在职人员的工资福利支出，包括支付给教学人员、科研人员、教辅人员、行政人员和后勤产业人员等的级别工资、津贴补贴、奖金、社会保障费、伙食补助费、绩效工资和其他工资福利支出。其他工资福利支出主要反映国家规定之外发放的课时费、津贴等。

（2）公用经费支出

公用经费支出是指高等学校在提供高等教育服务所发生的包括办公费、印刷费、咨询费、手续费、水电费、邮电费、取暖费、物业管理费、交通费、差旅费、维护费、会议费、培训费、租赁费、招待费、专用材料费、劳务费、福利费、其他公用经费在内的日常运行和管理方面的支出，也称为商品和服务支出。

（3）资本性支出

资本性支出是指高等学校当期发生的全部资本性支出，包括基本建设支出、办公设备购置费、专用设备购置费、交通工具购置费、图书资料购置费以及数额较大的维修费。

（4）对个人和家庭的补助

对个人和家庭的补助是指用于离退休人员的工资性支出以及向个人发放的各项补贴，包括离休费、退休费、退职（役）费、抚恤金、生活补助、救济费、医疗费、助学金、奖励金、住房公积金、提租补贴、购房补贴和其他补助支出。其他补助支出主要核算未能列入上述各项的支出，如计划生育补贴、托幼补贴等。

（5）其他支出

其他支出是指与高等学校的日常业务没有直接关系，属于收入转移支付性质的支出，如拨出经费、上缴上级支出、对附属单位的补助、经营支出等。在高等学校教育成本核算体系中，将这部分支出从总支出中划出，单独作为一类支出反映。

（三）高等学校教育成本的分类

根据高等学校教育成本与高等学校支出之间密不可分的关系，比照高等学校支出的分类，对高等学校教育成本，做了如下分类：

高等学校的教育成本是以计入教育成本的各类支出为基础的，因此教育成本可以按照计入教育成本的各类支出的经济用途分为教学成本、科研成本、教辅成本、行政成本、学生成本5类。

1. 教学成本

教学成本是指与高等学校提供教育服务相关的教学活动所发生的各类支出，与高等学校支出中的教学支出口径基本相同。但是，不包括非学历教育等方面的教学支出，因为此类教育不属于本著作所述高等学校教育成本核算的范围，而应属于不计入教育成本的支出。教学活动属于高等学校的基本活动，教学成本可以反映高等学校在提供教育服务过程中的教学耗费水平，可以分析教学活动中资源耗费的高低。

2. 科研成本

科研成本是高等学校科研机构、自筹经费组织的科研课题以及国家和省部级单位组织的科研活动（一般称为纵向课题）发生的支出。高等学校的科研活动非常复杂，有些科研活动是专门为教学服务的，如专设科研机构的各项科研活动以及高等学校为了提高教学质量自筹经费开展的科研活动；有些是为了承担国家和省部级单位重点项目而进行的科研活动，如自然科学基金项目、社会科学基金项目、"863"项目、"973"项目等；有些是为了技术转让、技术咨询而进行的科研活动，如科技产品的研制开发活动；有些是为特定单位解决特定问题而进行的科研活动（一般称为横向课题）。为了能够科学合理地确定高等学校教育成本，应将专门为教学服务的科研支出和国家及省部级单位拨款所设立的重大项目所发生的科研支出计入高等学校教育成本，而对那些用于技术转让、科技咨询和横向课题研究过程中所发生的科研支出则不予计入高等学校教育成本。

3. 教辅成本

教辅成本是指图书馆、电教中心、网络中心等教学辅助部门发生的各项支出。

4. 行政成本

行政成本是指高等学校的行政管理部门在伴随高等学校的教学、科研活动的日常运行过程中所发生的各项管理支出。虽然，这部分支出与成本核算对象的关系无法明确确定，但仍是高等学校提供教育服务过程中不可缺少的支出，因此应计入高等学校的教育成本。

5. 学生成本

学生成本是指高等学校发放给学生的奖学金、助学金等支出。对于发生在学生方面的奖学金、助学金等各类经济资助支出是否应计入高等学校的教育成本的问题，目前存在两种不同的观点：一种观点认为，对学生的经济资助是一种转移支付，学生在取得后会将其用于生活和学习，本质上是一种对学生收费的抵减，类似于折扣性质，不是教育成本的构成项目，应该从教育成本中扣除，而不应作为教育成本的一个构成项目；另一种观点认为，学校为学生提供的各类经济资助，主要是为了培养学生的优秀素质，而针对学生的这种优秀素质的培养所发生的必要支出，可以看作整个教育过程的一种必要投入。因此，对学生的经济资助应该是高等学校教育成本的构成项目。

由以上5个成本项目组成的成本为完全成本的概念，既包括成本核算对象发生的直接成本，也包括成本核算期内各成本核算对象发生的间接成本。高等学校教育成本核算与工业制造业一般产品成本核算的不同之处，在于不单独核算期间费用。因为高等学校教育成本核算的主要目的，是反映各成本核算对象的耗费水平，而不是通过收入配比来计算损益。因此，进行高等学校教育成本核算时，应将那部分类似于制造业产品成本核算属于期间费用范畴的支出计入各核算对象的成本。

（四）高等学校教育成本项目的设置

根据计入教育成本支出的经济内容而将其分为人员经费成本、公用经费成本、资本性成本、对个人和家庭的补助成本和其他成本 5 个项目是较为适合的高等学校教育成本项目设置方法。

1. 人员经费成本

高校为在职人员所支付的工资性支出，包括各种工资性费用，如基本工资、补助工资、其他工资、职工福利费等构成了人员经费成本的组成内容。

2. 公用经费成本

高校为提供教育服务所发生的包括办公费、差旅费、水电费、取暖费、通信费、交通费、会议费、培训费、资料讲义费、教材编审费、业务资料印刷费、实习费、毕业设计费、招生费、体育用品购置费、教学实验用的实验材料费等项支出在内的日常运行和管理方面的支出构成了公用经费成本的组成内容。

3. 资本性成本

资本性成本主要指固定资产的折旧费，按现行的《高等学校会计制度》，高校对固定资产都不计提折旧，现有的账簿记录只能反映出在用固定资产的原值，却反映不出现值。而财政部明确提出了对高等学校固定资产计提折旧的要求，其中必定包含了对正确核算教育成本的考虑。这是因为，教学用固定资产耗费的价值，是高等学校教育成本的重要项目。为了把固定资产耗费合理地计入当期教育成本，需要对在用的固定资产重新评估，确定其现值和折旧年限，计算出当期应计提的折旧费。

4. 对个人和家庭的补助成本

指高等学校向个人和家庭发放的包括抚恤金和生活补助、医疗费、住房补贴、助学金和其他补助支出在内的各项补贴。

5. 其他成本

除了上述各项成本以外的其他与提供教育服务有关的支出，如高校的隐性支出——养老保险支出等。

（五）不计入高等学校教育成本的支出项目

高等学校教育成本的定义将教育成本严格限定为提供教育服务所耗费的资源。因此，构成高等学校教育成本的只能是高等学校投入的用于教育服务的各种教育资源，如果是用于其他目的，而非用于教育服务的，则这部分投入就不能构成高等学校教育成本。因此，在教育成本的归类与计算中应将那些与学校提供教育服务无关的费用，列为不计入教育成本的支出项目予以剔除，这些项目所消耗的教育资源的价值主要反映在学校的非教学活动方面，具体包括以下6个方面。

1. 校办企业支出

校办企业是企业法人，实行的是"独立核算、自负盈亏"的财务管理体制，是以营利为目的而开办的。因此，高等学校在校办企业上所发生的那部分支出只能算是一种投资行为，与学校的日常教育活动没有直接关系，并且按照高等学校教育体制改革的要求，不应计入高等学校教育成本。

2. 后勤服务部门支出

实行后勤服务社会化的高校所属后勤服务部门所提供的膳食服务、招待所、车队、维修等服务是直接面向社会的，因此它所发生的支出及无偿占用学校的房屋、设备和学校为其负担的人员工资等与学校所提供的教育服务没有直接关系，在计算教育成本时也应予以剔除。

3. 离退休人员的各种经费支出

我国的高等学校目前尚未建立养老统筹制度，离退休人员的经费由各级财政拨款，不足部分由高校自筹解决。按照教育成本核算要求，离退休人员支出是以前教育成本的积淀，并不是为提供当期教育服务而发生的支出，与当期学校提供教育服务无关，因此离退休人员的各项支出不能计入当期的教育成本。另外，高等学校离退休人员所占教职工总人数的比例不同，建立较早的高等学校离退休人员较多，负担较重；而新建或建立较晚的高等学校，离退休人员则相对较少，负担较轻，如不考虑具体情况，一味将这项费用计入教育成本，则难以进行教育成本的横向比较。因此，最佳的方法是采用一套统一养老经费的计算方法，模拟计算学校应负担的养老保险费用，计入高等学校教育成本，而对于离退休人员的其他各项支出则不计入高等学校教育成本。

4. 高等学校有特定用途或委托科研项目支出

高等学校科研项目种类繁多，根据项目的不同性质和用途，决定此项科研支出是否应计入教育成本。对于那些有特定用途或委托科研项目的支出，由于是与高等学校提供教育服务无关的，因此也不能将其计入高等学校教育成本。

5. 与教学无关的学校附属单位的支出

学校支付给校医院、幼儿园、附属中小学等的费用，原则上应独立核算，不应计入教育成本。但如果这些单位服务于本校教师及其家属时，这些服务又可被看成给予教师的福利性质的隐性工资，这部分支出便与学校所提供的教育服务产生了一定的联系。因此，在进行教育成本核算时，对这些单位所支付费用中的为教师及其家属服务的部分作为教师工资性支出计入教育成本，而为其他社会成员服务的部分则不能计入教育成本。

6. 赔偿、捐赠支出、灾害事故损失

赔偿、捐赠支出、灾害事故损失属于学校非正常性的费用支出，与教学无关，不能计入教育成本。

第二节　高校成本核算中作业成本法的应用

一、作业成本法

（一）作业成本法概述

作业成本法的原理并不复杂，是指将产品生产或提供劳务所消耗的资源成本按消耗资源的作业累积，再按受益原则依据成本动因将作业成本追溯至产品或劳务。采用作业成本法使得成本计算更为真实，有利于作业管理和资源使用效率的评价。

在传统的成本计算过程中，制造费用是采用以业务量为基础的成本分配方式，按一个或少数几个分配基础分配制造费用，常用的分配基础如直接人工工时、直接人工成本、机器加工工时等。这种传统分配方法在传统的生产环境中是比较合适的，传统生产工艺流程较为简单，间接制造费用所占的比重不大；市场对产品的个性要求不明显，产品结构相似，产品品种较为单一，差别较小；采用单一的分配基础或少数几个分配基础不会对成本计算结果造成太大的歪曲，成本计算提供的信息能够满足决策和控制的要求。然而，在高科技广泛应用于生产过程、市场需求多样化的环境下，采用传统的成本分配方法就可能对成本的计算结果造成歪曲，如生产过程自动化控制逐渐普及，与其相适应，管理方面则采取需求拉动生产以及全面质量控制等，新的经营和制造环境要求改进传统的成本计算方法以满足管理对成本信息的要求。

经济发展和人们物质文化生活水平的提高，使得市场需求呈现出多样化、个性化、时尚化的发展，从而导致制造业产品生产的多样化、个性化和不断追求新款式的竞争态势。产品生产的多样化和个性化，不同产品要求的工艺过程不同，操作程序不同，在作业链中流动的路径不一样，产品生产对不同作业的需用量不同，采用同一的成本分配基础不能客观反映不同作业成本与不同产品的关系。

高新技术和计算机在生产过程的广泛应用，使得生产过程的自动化程度不断提高，机器设备的通用性和灵活性更富有弹性，如企业采用电脑辅助设计、电脑辅助制造和电脑整合制造等新技术能够在较短时间内生产出数量少、品种多、质量高的产品。原来的许多直接制造费用，尤其是直接人工成本大大下降，间接制造费用在全部成本中的比重极大提高，制造费用分配方法的选择对产品成本的计算影响很大。另外，工艺技术流程复杂化，使得作业链交错，同间接制造费用相关的作业活动复杂多样，各种不同类型的作业对制造费用水平的影响不同，采用单一的成本分配基础已经不能反映成本同分配基础之间的关系，甚至歪曲了成本计算的结果。

由此可见，由于市场需求和生产环境的变化，传统的成本分配方法不能满足经营管理对成本信息的要求，而作业成本法将成本与作业联系起来，追踪作业与成本的关系，按作业来归集和分配成本。因此，作业成本法得到越来越多的推广和应用。

（二）作业成本法的基本程序

作业成本法并非成本计算程序的重新设计，而是间接成本归集和分配方式的改变，由传统的以产品为中心分配成本转移到以作业为中心的成本积累及分配上来。传统的成本计算法下，制造费用的分配通常分为两个步骤，首先制造费用以生产部门归集，其次将各生产部门的制造费用分配于产品。作业成本的思路是：产品生产要耗费作业，而作业活动需耗费资源。由此，资源成本构成作业成本，作业成本应分配于产品。

因此，作业成本法下区分生产过程中的不同服务的作业（活动），分析作业和成本发生之间的关系，按作业建立同质成本库归集同质成本，并确认同质成本库中的成本动因，按成本动因分配同质成本库中的作业成本，改变了传统成本计算法下按单一或少数几个成本分配基础分配成本的方法。

二、作业成本法在高校成本核算中应用的可行性分析

成本的本质不仅是为达到一定目标而付出的代价，还是为保证达到一定目标而进行的

投入，是资源配置得以优化的依据，高等教育成本也是如此。因此，核算高等教育成本，完善高等教育成本补偿机制是制定教育资源分配政策、补偿并合理分担教育成本、进行教育投资绩效考核的依据。

作业成本法产生于制造企业，但该方法从理论上同样适用于教育服务行业。作业成本法的优点是可以精确地计算成本，独特的成本核算程序为提高资源配置、克服传统方法的不足提供了技术支持。

目前，高校教育成本核算存在着诸多弊端，核算结果得到的会计信息与高校各个成本分担对象实际分摊的资源数量存在着一定程度上的出入。而作业成本法以其自身所具有的特性，运用到高校教育成本核算领域，具有很大的优越性，它能够帮助高校提供准确的财务信息，也为信息使用者的决策提供了更好的依托。

（一）高校间接费用比重大，直接费用少

高校的教育成本大部分都是间接成本，种类繁多，难以辨识。人员经费、固定设施、公务费和业务费都归属于不同的成本核算对象，如果采用传统成本核算法，以实际在校人数作为分配标准，会导致产品成本数据出现本质性差异。在这种情况下，多标准、因果关系明显的作业成本法更具有应用价值，况且高校教师人工成本大，一般来说，间接费用要占到实际费用的50%~70%。

（二）多元化的成本核算对象

我国高校的教育活动具有明显的重复性和周期性，同时又具有层次多、专业多的特点。从"学生"角度来看，可以分为本科、硕士、博士、学历教育、学位教育等；从"教育服务"来看，各类课程有选修课、必修课、实验课、毕业设计、论文等，这就决定了教育成本核算对象的多元化。作业成本法为高校进行不同专业、不同层次、不同课程教育成本核算提供科学依据，在因果关系上使资源耗费与产品成本之间的联系更加紧密，成本数据更为精确。

由此可见，高校教育成本核算特点与作业成本法的适用范围相吻合。另外，高校财务人员素质较高，会计电算化水平和会计核算系统的应用比较完善，可以满足作业成本的外部条件需要。

第三节　高校固定资产管理绩效评价指标体系

一、评价指标的选取原则

高校固定资产管理绩效的评价指标体系的构建，首要解决的是评价指标的科学选取问题。从高校固定资产绩效评价的问题视角出发，综合考量研究对象的特点，结合指标体系建设方法和过程，明确高校固定资产管理绩效评价指标体系建设应遵循以下 3 个原则。

（一）系统性原则

高校固定资产管理绩效的评价，涉及学校资产的现有条件、协同配置、使用绩效、外部影响等多方面，因而综合考量多重影响因素，从不同的层次、视角选配不同的评价指标，同时尊重定性与定量相结合的形式，全面考量高校在固定资产管理绩效的整体水平。

（二）客观性原则

运用科学化的流程，选取贴近现实、贴近实际指标，立足于高校固定资产管理体制、机制和协同配置情况，要求评价指标能够客观、准确地反映出被评价对象的评估水平。

（三）全面性和科学性原则

高校固定资产管理绩效的评价指标选取，要立足于研究问题的本质和内涵，从全面性和科学性的视角出发，广泛参考其他学者的研究成果，征求相关领域专家的意见和建议，保证高校固定资产管理评价指标体系的全面性和科学性，减少主观情感和不确定因素的影响。

二、评价指标体系的初步构建

通过文献研究法和专家调查法，结合高校固定资产管理的实际情况，借鉴其他学者的研究成果，明晰资产管理绩效评估的理论基础和科学内涵，从资产保障能力、资产管理水平、资产安全能力、资产运行效益、外部影响评分 5 个方面，初步尝试构建高校固定资产绩效评估指标体系。根据文献分析和调研发现，高校固定资产管理绩效的评价指标体系进行初步构建，必须进行评价指标的分析和研究，通过科学化的方法提升高校固定资产管理绩效评价指标的运行效能，保障指标体系构建的科学性和合理性。

（一）资产保障能力

资产保障能力，指标主要包括资产运营规模、资产优化结构、资产使用质量3个衡量指标。

资产运营的规模反映了资产的保值和效益辐射的范围，能有效地保障国有资产不流失；资产优化结构的水平，促进了资产在优化配置上的合理性和科学性，有效地促进资产对于教育事业的物质支撑能力；资产的使用质量集中体现在固定资产与设备的利用率和更新率上，一定程度上促进了固定资产在教育事业发展中的协同配置能力。

（二）资产管理水平

资产管理水平，指标主要包括管理团队、管理制度和管理水平3个衡量指标，客观地反映出高校固定资产的管理能力。

固定资产的管理团队，是固定资产管理的实施主体，管理团队的机构设置、管理者的观念和管理水平，都在一定程度上制约着固定资产的管理绩效和实施效果；管理制度是固定资产管理的重要实施载体，良好的管理制度能有效地促进固定资产管理过程中的人、财、物的合理配置和协同共享，形成具有约束力和激励效果的内在驱动力与外在保障力，提升资产管理的能力；固定资产的管理水平，一定程度上也体现在管理信息系统的建设，高效的管理信息系统能有效地促进信息资源的合理流向，保证国有固定资产的信息公开、透明，形成具有直观性、准确性兼备的资产管理信息体系，有效地提升固定资产的管理水平。

（三）资产安全能力

资产安全能平，指标主要包括资金的预算来源、资金的投入使用、资金的使用效果3个衡量指标，客观地反映出高校固定资产的资产安全水平。资产安全能力是固定资产管理的重要指标，资金的预算来源在一定程度上反映出高校固定资产运行的科学性和规范性，严格的预算制度能有效地防止固定资产的流失和闲置，在一定程度上保障固定资产在教育事业中的合理使用和配置，促进高校教育事业的发展；资金的投入使用情况，是资产安全能力的重要方面，资金的控制度不够、挪用、管理不善等都会制约教育事业的发展；资金的使用效果是资产安全的核心，也是重要保障。

（四）资产运行效益

资产运行效益，指标主要包括科研成就、人才培养 2 个衡量指标，客观地反映出高校固定资产的资产运行效益。固定资产运行效益的直接结果，就是高校的教学科研成就与人才培养的质量，科研成就在一定程度上反映出应用型大学的建设成就，是高校促进科技成果转化的重要方面，有利于促成社会的进步和生成力的提升；人才培养的质量，是高校资产运行效益的重要指标，是教育成果转化的重要衡量指标，也是高等教育最根本的目的。

（五）外部影响评分

外部影响评分，指标主要包括外部认同度、学术交流度 2 个衡量指标，客观地反映出高校固定资产的外部影响评价水平。外部认同和学术交流程度是高校固定资产管理的重要评价指标，也是高校的一种无形资产，影响着高校的潜在竞争力。

三、高校固定资产管理绩效的指标筛选和修正

（一）选择专家

为了确定科学合理的高校固定资产管理绩效指标，在德尔菲法的操作步骤中，首先要选取高校财务及资产管理领域的专家学者，来为绩效指标的选取进行衡量。在专家选取的过程中，本着合理、科学的原则，聘请了高校财务处、国资处工作人员，高校管理学院相关学者，财政厅人员作为专家，为高校固定资产管理绩效评价指标体系的建立进行修正。

（二）设计调查问卷

以某高校现行的固定资产管理制度及构想的绩效管理指标体系设计调查问卷，以资产保障能力、资产管理水平、资产安全能力、资产运行效益、外部影响评分 5 大部分构成问卷的主要部分。

（三）指标筛选和修正

在设计调查问卷的过程中，关于资产运行效益部分的指标设计中，通过多方面筛选，确定了科研成就和人才培养两个二级指标，但就关于科研成就和人才培养二级指标权重的确定上进行了多次衡量，并在此部分中重点采纳专家意见。

（四）问卷发放

向专家发放问卷，并同时阐述调查问卷的用途及相关填写事项。对专家在问卷中反映出的较大差异问题，进行问卷的二次发放。

（五）专家咨询

就专家对高校固定资产管理绩效评价指标提出的问题进行咨询，重点在于对相关二级指标的调整及各指标权重的确定上。并向专家反馈其他人员所反映的不同意见，综合所有专家的建议，对高校固定资产管理绩效指标体系进行反复修正。

（六）结果统计分析

对专家所发放的问卷进行最后的整理，并运用 SPSS 分析软件将相应数据进行统计分析，最后确定高校固定资产管理绩效评价指标的选择。

四、高校固定资产管理绩效评价方法的选择

（一）评价方法介绍

在管理研究的评价领域中，对于资产管理绩效的评估，学者们的研究多侧重于复杂事物的多指标量化衡量与综合比较，而高校固定资产管理绩效的指标体系建立，可以运用综合评价的方法、借用一定的工具和技术手段，得以实现对高校固定资产管理绩效评估的测量与量化。从适用于本研究的方法着眼，可以发现以下几种较为适用的方法：

1. 适用于整体比较的灰色关联度法

灰色关联度法多用于复杂事物的整体比较，研究在事物的演变过程中影响因子的相对情况，这种变化的情况能够直观地反映出研究对象的变化速度、方向等。通过比较相关性高、一致性强的演化过程，能迅速地判定与研究对象关联度较大的影响因子，关联度的强弱能客观地反馈出研究对象间的紧密性。

2. 基于累积方差贡献率的因子分析法

研究变量通过提取公因子，能将变量贡献度较高的因子进行同组抽取，不同组的累积方差贡献率存在着较大的差异性，通常累积方差贡献率较高的公因子能更好地解释变量的变异程度。因而，公因子的个数和累积方差贡献率能反映变量之间的相关性，因子分析能

客观地反映评价指标的有效性和每个指标对评价体系的权重。

3. 降维处理实现主成分分析

在变量的测量过程中，将原始变量转化为不相关的新变量，再运用方差对新变量进行降维处理，最后形成合适的价值函数，用于分析评价的指标。

4. 用于系统评估的 AHP 法

层次分析是根据不同等级的评估目标确立权重和赋值过程，通过逐级运算得出整体评价结果，依分数高低衡量评估对象的优劣程度。

5. 模糊综合评分法

建立在德尔菲法的基础之上，建立指标的权重集，再由隶属度生成评价矩阵，得出累积分值，逐级运算生成评价结果。

（二）评价方法的确定

高校固定资产管理绩效评估，是一项烦琐的工作，多为跨层次的群体性决策问题。因而构建高校固定资产管理绩效评价体系，要尽量客观公正，通过科学化的评价模型构建，直观地反映高校固定资产管理之间的绩效差异。结合上文介绍的评估方法，综合考量各种评价方法的适用情况，根据研究情景的需要和高校固定资产研究的现实，可以发现高校固定资产管理具有信息不对称、个人主观因素较多等特点，属于典型的模糊多属性决策问题，因而符合模糊数学的范畴。基于本研究是模糊数学的考量，所以参照国内外学者的研究设计，选定模糊综合评价的方法测量高校固定资产管理绩效的优劣。

高校固定资产管理绩效的评价研究，因其研究对象的特殊性和属性，固定资产管理绩效的评估难以采用具体的量化指标进行客观分析，只能通过建立在德尔菲法基础上的模糊综合评价方法进行模糊数学运算，才能形成较为科学有效的方法，进行高校固定资产管理绩效的评价指标体系研究，衡量国有资产运营的效益与效果。

第四节　强化高校资产管理的基本策略

一、拓宽资金渠道，降低资金成本，建立健全风险管理机制

面对国家财政投入少，学费、住宿费收入少，债务资金比重大的不利局面，要满足教

学科研需要，高校就必须改变"债多不怕，有国家做后盾"的思想，采取有效措施，拓宽资金来源渠道，广开财源。

加强资金管理，严格执行不相容岗位相互分离制度、对账制度和稽核制度。定期盘点库存现金，核对银行账目，杜绝坐支现金和白条抵库，严格执行"收支两条线"的规定，严格遵守库存现金限额管理，严格按《现金管理暂行条例》规定的现金使用范围使用现金，消除资金管理中的安全隐患。

积极争取国家政策支持，主动与财政部门、教育主管部门和发展改革委员会等部门进行沟通，扩大高校办学自主权，大力争取财政专项资金，确保国家财政拨款稳步增长。

加大学校学费住宿费清理催缴力度，充实学费清理催缴人员，利用电子信息化系统建立全校学生个人缴费台账，核准信息（包括学生姓名、性别、所在学院班级、学费标准、住宿费标准、缴费金额及缴费收据号码、生源地贷款、减免学费、欠费金额等详细信息），加强与学校教务处、学生处、各院系的协调沟通，利用缴费情况与选课情况挂钩，与选课成绩挂钩（即没有缴清当年学费住宿费的学生一律屏蔽选课系统，欠费学生无法选课，成绩为零，迫使其及时缴清欠费金额，如果家庭经济条件确实困难的，必须向学校提出减免、缓缴申请，经学校批准同意后方可选课），确保学费住宿费应收尽收，严禁拖欠，并严格实行"收支两条线"管理，及时足额上缴财政专户，积极主动申请财政及时返拨，保证学校收入及时到位，满足教学科研资金需要。

利用学校丰富的教育资源优势和学校良好的社会影响，努力扩大函授、夜大、短期培训、脱产等办学规模，积极开展社会有偿服务，通过社会捐赠、赞助、盘活资产、开展合作等途径，以及校友会、基金会等多种形式，广泛吸收社会资金，精打细算增加学校收入，为社会提供优质的教育服务，为学校增加办学资金，更为广大社会人员解决知识残缺和文凭问题，可以说是一举三得的惠校利民的绝好举措。

加强票据管理，严格按照规定程序办理票据的领用、发放、开具、收缴、核销等手续，确保票据的安全。

规范收费工作，严格按照发改委批准的收费标准收费，收费时必须开具收费票据，不得扩大收费范围和提高收费标准，更不能自立名目收费，严格执行"收支两条线"管理规定，不得随意截留、挪用资金，确保资金足额收取，足额上缴。

进一步保持和加强与银行等金融机构的战略合作关系，积极争取信贷资金，同时通过处置或置换学校闲置校区地产，优化配置学校资源，最大限度地筹集办学资金，努力降低学校债务，减轻利息负担，降低资金成本，确保学校又快又好地发展。

根据财权与事权相结合的原则，协同相关部门积极探索，建立健全与目标、责任、绩效挂钩的资源分配机制、风险评估管理和风险预警机制，健全债务内部管理制度，防范财务风险，制定具体的措施办法，完善以内部控制为核心，以大额资金流动集体决策、常规资金支付授权审批等为重点的资金安全管理制度，实行严格的岗位职责分工，不相容职务分离，系统分析经济活动风险，确定风险点，选择风险应对策略，严格督促相关工作人员认真执行，定期提交经济活动风险评估书面报告。

二、定期清理往来款项，降低借款金额，健全往来款项清理催缴机制

针对往来款项科目设置多、年末余额大、期限长的状况，高校应当建立健全有效的往来款项清理催缴机制和核销机制，采取有效的控制措施，采用强硬的管理手段，加大往来款项的清理催缴力度，努力减少往来款项科目数量和降低往来款项余额，缩短资金占用期限，提高资金使用效率。例如，对于高校职工借款或为职工垫付款可以按照"源头从紧，限期报销或归还，过期扣款"的措施进行控制；对于学校各部门和教职工日常零星开支（可以限定一次或累计金额在 5 000 元以下设备购置、办公用品购置、出差机票费、住宿费、会务费、零星餐费、培训费等）一律使用学校为教职工办理的公务卡、银行贷记卡支付款项，经办人员按学校规定报销后由学校财务部门在到期前一周内归还刷卡金额；对于大金额的设备购置，规定学校一律不借支票、不事先汇款，必须验货见票后才支付款项；对于那些期限长，难以查明原因，确实无法收回或支付的应收款、垫付款、应付款等往来款项，应落实责任，按规定程序批准后核销或转销，降低往来款项余额。

三、加强税务管理，减少纳税风险，建立健全纳税筹划机制

要解决高校当前税务管理乱、个人税负高的问题，就必须加强税务管理，建立健全纳税筹划机制。

首先，改变校内各部门开具税务发票所涉税费由学校统一垫付的现象，参照税务部门代开发票的处理模式，"先缴税费再开发票"，凡要开具税务发票的必须先将所涉税税费全额缴到学校财务账上，后给予开具税务发票，避免出现学校垫付相关税费后，长期收不回或忘记收回的情况。

其次，深入掌握和理解各税种的征税范围和减免税优惠，聘请高校税务专家全面分析学校收入中哪些属于不征税收入，哪些属于减免税收入，哪些属于征税收入，在账务处理时严格遵循税法的规定，设置专门的会计科目，严格单独核算征税收入、减免税收入与非

涉税收入，避免"未分别核算的，合并征税；未单独核算的，享受减税、免税待遇"的行为。

最后，应将学校涉税收入与其对应的税种、税率、涉税环节、应纳税额的计算、缴纳期限和相应的减免税优惠条件进行详细的分析，努力创造与税收优惠相符的条件，将可能涉税的收入纳入减免税收入核算，最大限度地享受税收减税、免税政策，以达到降低税负的目的，如高校开展科学研究取得的科研课题费收入，只要经过省级科技厅确认就可以免征各项税费，为享受此优惠政策，高校就应想方设法采取有效措施取得省级科技厅的确认。又如，针对高校每个学期末、每年年末除正常工资外会发放大量的课时津贴、加班补贴、劳务费、学期奖励、年度奖励、超课时奖励等而导致阶段性税负较高的情况，高校可以采取下列 3 种方式予以纳税筹划，合理避税。

其一，利用个人所得税按月计算纳税的规定，把高校集中在每个学期末、每年年末发放的课时津贴、加班补贴、奖励等事先进行平均，分散到每个月发放，这样能够避免个人所得税阶段性税负较高（即平时税负低，期末年末税负剧增）的问题；其二，利用全年一次性奖金个人所得税的计算规定，把学期末、年末加发的课时津贴、学期奖励等合并起来，按除以 12 个月后的商数确定适应的税率和速算扣除数计算缴纳个人所得税，享受年终一次性奖金的优惠政策；其三，制定相关课酬、津贴等转为科研课题费管理办法，把应当发放给教职工的部分课酬、津贴等划转到教职工个人的科研课题费中，允许教职工以合法有效的发票等票据报销相关费用。

四、加强资产管理，避免重复购置，健全资产批购管理机制

要避免高校固定资产重复购置、使用随意、管理混乱、流失严重的现象，高校应当强化资产管理措施，健全资产批购用保管理机制，着力加强固定资产申报、批准、采购、验收、使用、维护、保管、处置等 8 个关键环节的控制，夯实资产基础，做实做细固定资产，提升资产管理效益，充分发挥资产有效功能，努力做到"物尽其用，用必有果"，彻底改变当前固定资产管理"采购时不管价格，验收时不看实物，使用时不知所何，盘点时不知所终"的现状。

（一）规范固定资产审批、采购、验收行为

1. 统一固定资产购置申报、审批程序，严格执行审批手续

高校应当制定具体可行的、规范的固定资产购置申报、审批程序，要求校属各部门在

购置固定资产前，特别是购置价值较大的固定资产前（如电脑设备、音响设备、实验室设备等），必须向学校资产管理部门提交购置申请，首先由学校资产管理部门在学校现有资产中统一调剂配置，若无法调剂且必须购置的，由申请购置部门组织相关专家会同资产管理部门、财务部门、监察审计部门相关人员从技术性、经济性、实用性、必要性等多方面进行科学充分的可行性论证和效益评估，并提交一份由专家签署意见的固定资产购置可行性论证报告和效益评估报告，同时注明购置资金来源及金额（资金无来源或无预算的一律不得购置），学校资产管理部门受理申请后，严格按照"必须、节约、有效"的原则签署审批意见，并报学校分管领导审批（金额特大的，如一次性购置价值在 10 万元以上的必须经校领导会签或集体决策），学校领导同意后，由学校资产管理部门汇总统一安排下一步的购置活动，切实解决当前高校校属各部门购买设备的随意、无序状况。

2. 统一固定资产采购办法，规范采购付款行为

高校应当建立健全固定资产政府采购预算与计划管理、政府采购活动管理等内部管理制度，明确相关岗位的职责权限，确保政府采购需求制定与内部审批、招标文件准备与复核、合同签订与验收、验收与保管等不相容岗位的相互分离，建立预算编制、政府采购与资产管理部门或岗位之间的沟通协调机制，规定统一的购置标准，限定社会信誉好、产品质量高、售后服务棒的供货单位。坚持固定资产购置的决策、监督、执行、付款、验收等诸环节的有机结合，相互制约，合理配置和利用各项资源，杜绝不必要的浪费和违法违纪行为。校属各部门必须根据批准的固定资产购置申请，按规定的标准编制政府采购预算，由学校资产管理部门按照已经批复的固定资产购置申请集中制订政府采购计划，采用公开招标形式，定期、统一、集中招标采购，改变当前由校内各部门自行选择供货单位，价格由各部门与供货单位协商确定的零星、随意的采购行为，增加设备采购的透明度，尽可能以最少的投入获得最大的社会效益及经济效益。公开招标必须实施归口管理，由学校资产管理部门会同财务部门、审计部门、纪检监察部门统一负责，具体落实公开招标的整个过程。按规定确定中标单位后，由申请部门、资产管理部门和供货单位签订具体的经济合同，明确三方的权利、义务，同时加强合同签订、履行过程的严格监控。对于影响特别大、涉及较高专业技术或法律关系复杂的合同，应当组织法律、技术、财务、审计等工作人员参与谈判，必要时可以聘请校外专家协助工作。资产管理部门应当对合同实行全过程管理，加强对合同登记管理和合同信息保密管理，定期对合同进行统计、分类、归档，详细登记合同的订立、履行、变更和完成情况。合同履行中因特殊原因导致无法按时履行的，应当严格按照国家有关规定及时采取有效应对措施，签订补充合同或变更、解除合

同，谨防合同纠纷。学校财务部门应当严格按照签订的合同，根据经办人按规定办齐手续的合法票据报销单据按时足额付款，并严格审查审批手续是否完备，票据是否合法，经费是否到位。

3. 统一固定资产验收办法，规范验收程序

高校应当制定统一固定资产验收办法，严格固定资产验收手续，指定资产管理部门和监察审计部门等专人亲自对所购设备的品种、规格、型号、数量、质量、单价、金额和其他相关内容进行实地验收，详细登记验收固定资产各项指标（品名、规格、型号等），明确保管责任人和资产使用人，落实存放地点，并出具验收报告，以防止有名无实、虚领谎报、随意侵吞学校资产的违法违纪行为。

（二）规范固定资产日常保管、使用、维护维修行为

高校应当健全固定资产事前、事中、事后管理相结合，日常监督和专项监督相结合，配置、使用、处置相协调和良性循环的具体管理办法，专门设置资产管理岗位，明确相关岗位的职责权限，特别是落实保管责任人、使用人在资产保管、使用中的责任和相关要求，建立健全相应的固定资产用管约束机制、激励机制和损坏赔偿追究机制，强化对固定资产配置、使用、调剂、处置等关键环节的管控，规范固定资产使用行为。

首先，资产管理部门应当按照国家相关要求，健全资产信息管理系统，借助现代信息技术手段，做好固定资产的统计、报告、分析工作，全面及时掌握学校固定资产管理信息，实现对固定资产入口、使用、出口等各个环节的动态管理，并对固定资产实行分类、归口、集中管理，突出资产管理部门的责任，认真做好固定资产的使用管理工作，在学校内部实行资源共享、优化配置、统一调度、调剂使用，建立健全固定资产使用目标考核责任制，对学校固定资产实行绩效管理，充分调动学校各部门及相关人员的积极性，全面发挥固定资产最好的功效，最大限度地提高使用效率，避免闲置和浪费，为管好、用好固定资产奠定基础。

其次，严格固定资产保管及使用行为，安排专门人员负责固定资产的保管，强制要求学校所有固定资产集中保管（若确实无法做到，则除教室、会议室等不可移动设备由资产管理部门集中保管外，电脑设备、投影设备、摄影设备等可由各部门集中保管），统一安排使用。在使用时，由使用人填写固定资产使用申请表，列明使用事由、使用限期，报部门负责人审批同意后，由保管人将所需固定资产移交使用人，并向使用人提出具体的要求，提醒其按期归还，健全固定资产交接制度。在使用过程中，保管人应当对使用人使用

固定资产的情况进行监督检查，使用人必须无条件接受保管人的监督检查，发现问题，及时提出整改意见和建议，防止固定资产使用中的不当损失和浪费。

最后，加强固定资产的清查盘点和日常维护维修的管理。资产管理部门和部门资产保管人应当健全固定资产财产清查制度和损坏赔偿责任追究制度，设立专人、专岗负责定期对所占有、使用的固定资产品种、数量、存放地点、使用人、保管人、使用状态等进行清查盘点（包括基本情况清理、账务清理、财产清查、损益认定、资产核实和完善制度等），做到家底清楚，账、卡、物相符；定期检查固定资产使用状态和检测设备运行状态，定期进行保养。若需要维护维修，先保证在售后"三包"服务期内由供货方或生产厂家解决，无法在"三包"服务期内解决的，统一由学校资产管理部门安排专人负责解决，维护维修费用统一由学校预算安排的设备维护维修费中列支。

（三）规范固定资产出租、出借、报废处置行为

高校对固定资产实行集中管理、统筹安排、优化配置，调剂使用后，对于暂时不用而不宜处置的，由资产管理部门集中起来，进行必要的可行性论证后，报经主管部门审核同意后，可以统一办理固定资产出租、出借。在出租、出借时必须办理相关报批手续，详细登记出租、出借固定资产的品种、规格、型号、数量、质量、单价、金额和其他相关内容，并与需求方签订相关资产出租、出借合同，具体明确双方权利，明确出租、出借期限、租金金额及付款时间和付款期限，租金缴纳方式和缴纳地点等内容后，方可统一对外出租、出借。同时，必须将租金收入全部纳入学校统一核算统一管理，相关支出由学校资产管理部门统筹安排，实行"收支两条线"管理，充分挖掘固定资产潜力，最大限度地发挥固定资产的使用效益。

对于闲置的、报废报损的、非正常损失的、已超过使用年限确实无法使用的固定资产，首先由学校资产使用部门提出处置申请，经学校资产管理部门组织校内外专家进行充分的论证，并出具固定资产报废处置意见，由学校资产管理部门统一向上级主管部门办理资产报废、处置的相关审批手续，经上级主管部门批准后，招标、聘请具有相应资质的评估机构进行资产评估。以评估价为底价，按照公开、公正、公平的原则采用拍卖、招投标、协议转让等方式进行公开处置，增加固定资产报废处置的透明度，并将处置收入纳入单位统一核算，实行"收支两条线"管理，坚决杜绝"小金库"的出现。

（四）规范固定资产会计核算行为，健全固定资产盘存制度

高校应当规范固定资产的会计核算，明确学校各部门的职责权限。按照当前高校的固

定资产核算模式，学校资产管理部门和财务部门都有责任分别对固定资产进行会计核算。

学校财务部门应当采用账务处理系统对固定资产增加、减少、结存的总账、明细账核算，严格按照《高等学校财务制度》的规定对固定资产进行分类（分为6类：①房屋及构筑物；②专用设备；③通用设备；④文物和陈列品；⑤图书；⑥家具、用具、装具及动植物）核算。

学校资产管理部门应当使用固定资产管理系统对固定资产进行较为全面的总账、明细账、卡片账三账一体详细的会计核算和恰当的数量管理，设置专门岗位，安排专人负责学校固定资产的核算。在固定资产管理系统明细账和卡片账中应当详细记录固定资产数量、金额、规格、型号、使用单位、使用人、存放地点、保管人、外观形态（即外观完好还是有损伤，损伤状态如何）、性能状态等，确保固定资产账账、账卡相符。

同时，学校财务部门和资产管理部门应当按照定期清查盘点结果及其原因进行规范的账务处理，对确实已处置转出、投资转出、被盗、遗失、拆除的设备或房屋、建筑物等，应当及时根据相应的处置报废资料从账务处理系统和固定资产管理系统中核销；对于清查盘盈的固定资产，同样要按重置价格或市场价格及时在账务处理系统和固定资产管理系统中增加，避免账实不符。

另外，当前各高校校园内种植了数量多、品种多的花草树木，也储藏着较多的文物和纪念品（如某高校校庆时各兄弟院校制作并赠送的各种纪念品、庆贺品等），但这些物品都没有在学校账务处理系统和固定资产管理系统中反映出来，因此高校相关部门应当规范高校动植物、文物和纪念品等的核算，完善高校固定资产会计核算制度，全面反映高校固定资产实情。

五、健全对外投资管理制度和责任追究制度

高校要适应竞争激烈的市场经济，改变对外投资少、范围小、投资风险防范意识差的不良状况，就必须完善对外投资管理制度，合理设置投资管理岗位，明确相关岗位的职责权限，确保对外投资的可行性研究与评价、对外投资决策与执行、对外投资处置审批与执行不相容岗位相互分离，通过学校领导班子集体研究、专家论证和技术咨询相结合，全面开展对外投资的可行性分析论证，根据投资目标和规划，科学确定备选投资项目，拟订投资方案，由学校领导班子集体决定对外投资的项目和金额，避免盲目投资，或者贪大贪快，乱铺摊子的现象，保证投资活动在严格控制下进行。

严格按照国家对外投资有关规定和学校授权审批制度、风险控制制度、投资管理制度

与被投资方签订投资合同或协议，明确出资时间、金额、方式、双方权利义务和违约责任等内容，合理安排资金投放结构，恰当处理资产流动性和营利性的关系，通过对外投资保持合理的资产结构，在保证高校资产适度流动性的前提下追求最大营利性。加强对外投资项目的追踪管理，重点关注投资风险，健全严密的投资资产保管制度和会计控制制度，明确保管责任，健全账簿体系，严格账簿记录，及时、全面、准确地记录对外投资的价值变动和投资收益情况，加强对外投资回收和处置控制，健全责任追究制度，对在对外投资中出现重大决策失误、未履行集体决策程序和不按规定执行对外投资业务的部门和人员，以及无法收回到期投资的，应当建立责任追究制度，追究相应部门和人员的责任，改变高校对外投资随意、无序、无效的状况，选准选精投资项目，谨慎投资，提高投资效益。

六、强化知识产权意识，重视无形资产管理，确保高校合法权益

高校应当强化知识产权保护意识，重视各种知识产权等无形资产的管理，严格按照国家相关规定，申请办理有关知识产权等无形资产的评估认定及相应的证书，如目前高校大都拥有上百亩、上千亩，甚至上万亩的土地，但土地使用权基本没有在学校账务处理系统和固定资产管理系统中反映出来，即便有的高校反映了，也只是按其实际的征地补偿费记入无形资产，根本就没有考虑土地使用权的市场价值，也不愿意花钱对其价值进行评估。还有高校拥有雄厚的知识资源，拥有多种科研成果、学科培养优势、师资培养优势、科研人才优势和管理人才优势等，有必要申请著作权、非专利技术、学校知名权等无形资产。《高等学校财务制度》规定了各高校通过外购、自行开发及其他方式取得的土地使用权、著作权等应当合理计价，及时入账，这是一个很好的开端，高校应当以此为契机，建立健全知识产权等无形资产管理制度和办法，全面、及时确认学校拥有的无形资产，彻底改变高校重研究轻应用，重论文轻效益的不良状况，充分发挥无形资产对提升高校知名度和核心竞争力的作用。

七、健全考评制度，重视激励机制

高校应当结合本校实情，建立健全切实可行的资产管理工作考核机制和科学的激励机制，重视评价结果运用，加大奖惩力度。资产管理工作考核机制是对高校资产管理情况和管理效果的评价标准、评价措施和评价程序做出详细、明确规定的一种制度，是对学校内部资产管理行为的一个定性、定量的评价标准，既为高校资产管理提供指导性方向和目标，又为评价高校资产管理情况提供依据和标准，是高校资产管理的关键环节，也是工作

量最大、难度最高的环节。在这个环节中，不管是学校高层管理者还是一般的师生员工都能够发现高校资产管理存在的缺陷，以及有什么样的、多大程度的偏差，它们是由什么原因引起的，应采取什么样的措施等。可见，该环节的工作影响着整个资产管理效果，因此，要进一步完善高校资产管理工作考核机制。

（一）必须明确工作考核什么

高校建立资产管理的主要目的是防止、发现或纠正资产使用管理中的错误和舞弊行为，以保证高校的资产安全运营，维护国家的利益。因此，高校资产管理的工作考核机制应该围绕高校的资产管理制度是否完善、健全，是否得到了积极的、严格的贯彻执行，是否有效地防止、发现、纠正了高校资产使用管理中的错误和舞弊行为来进行，即资产管理工作考核机制主要考核高校资产管理的健全性、有效性。

（二）必须明确由谁来考核

要保证资产管理工作考核的客观、公平、公正及权威性，必须由具有相对独立权限的机构来负责。该机构应直接由校长、书记垂直领导。例如，可以建立一个由校长或书记为主要负责人，由各关键部门领导为成员的"资产管理考核小组"，并赋予其独立的、专门对资产管理与经济效益进行监督与考核评价的权力，以使其能正确、及时完成使命。

（三）必须明确如何考核

一是必须明确考核标准。高校资产管理考核标准的制定，是高校资产管理能否有效实施的关键，又是衡量高校资产管理实施效果好坏的依据和准绳。没有切实可行的考核标准，考核就可能流于形式，考核就没有依据。因此，高校有必要投入一定的人力、物力、财力，由权威部门建立一套完整的、公认的高校资产管理考核标准，使高校资产管理考核有章可循。二是必须明确考核方法。在实际工作中，常用的考核方法有：面对面的直接口头汇报、正式的书面文字汇报、直接观察、抽样检查、问卷调查、集中座谈等。三是必须深入基层，踏踏实实地了解实际情况，并制度化。实事求是，切忌只凭下属的汇报做判断，也要防止检查中走过场、搞形式，工作不踏实，走马观花，点到为止。

（四）必须明确考核结果如何奖惩

充分发挥激励机制的引导作用。高校资产管理的工作考核完成以后，考核部门应形成书面的"高校资产管理考评报告"，详细说明本次考核涉及的范围、所用的方法、各环节的风险程度、存在的问题及缺陷、改进措施等。同时，报经校长办公会、党委办公会批准后，对相关当事人给予奖励或惩罚：对严格遵守和执行高校资产管理的部门和人员，给予通报表扬，加薪晋级，甚至升职；对于违反高校资产管理的部门和人员，给予严肃的通报批评，减薪降级，甚至撤职或辞退。只有建立科学合理的约束与激励机制，通过业绩与薪资挂钩等形式，才能使高校所有师生员工的利益与高校的长期发展相结合。

第五章　高校财务绩效管理创新

第一节　整体计划控制

一、计划控制的方法

为了使高校能够取得良好的工作成效，最重要的任务就是明确总目标和一定时期的目标，使每个人明确组织期望他们去完成的目标及其实现目标的方法，这就是人们常说的计划职能：无论是一个高校整体，还是高校所属的各个部门都有其未来行动方针的许多可供抉择的方案，计划工作就是从中选取最适宜的方案，即要为高校及其部门选定目标并确定实现目标的方法。因此，计划工作的实质是选择，只有在出现需要选择的行动方针时，才会产生计划问题。计划也就是要作出决策。计划就是预先决定要去做什么、如何做、何时做和由谁做。计划可以使那些本来不一定发生的事情变得有可能发生。虽然准确地计划未来是不太可能的事，因为人们无法控制不可控因素的干扰，但是如果不去做计划，许多事情只能听之任之，管理工作就会变得毫无头绪、一团乱麻；如果计划工作做得不好，几天之内就会出现差错。任何高校都会受到经济、技术、社会和政治等外部条件的影响或冲击。变革和经济发展虽然给地方高校带来了机会，但是也带来了风险，计划和其他管理职能一样，已成为地方高校生存的必要条件，其任务也就是在利用机会的同时，使风险降到最低限度。计划工作可以促使高校把注意力集中在目标上，并致力于实现目标；计划工作具有预先性，可以弥补情况变化和不肯定性带来的问题；计划工作还具有领先性，它为其他管理行为提供了基础，指明了出发点；计划工作把高校所有人员的活动纳入控制之中，具有控制作用；计划工作有利于高校提高工作效率，达到经营上的经济合理性。要想使计划工作能充分发挥其功能，根据现代计划发展新趋势，计划控制设计应遵循以下原则。

（一）选择正确的设计程序

计划设计程序由两种不同的思想决定：一是保守的导向；二是前进的导向。以教学部门的活动作为整个地方高校活动的指导中心，即为保守的导向。这种思想适宜于竞争不激烈或根本无竞争的教学环境，可以把全部精神和时间集中在教学上、科研上。

（二）重视中、长期计划编制

传统的计划，以一年为一期的年度计划为主要内容，不注意建立目标和进行长远规划，往往导致地方高校只了解近期行为，而不了解未来发展，过一年算一年。计划既然包括任何一种未来的行动方针，应该拉长计划时间，否则难以进行发展控制和目标控制。目标性计划分为永久性计划和长期计划两种。高校某种目标具有永远的指导作用，没有确定的止境及数量标准可供衡量，如高校的创建目标、基本的使命等即为永久性计划。高校设立的未来 8~12 年（甚至 20 年）的全面努力目标，即为长期计划。这类目标计划也只规定粗略的目标数字，而无具体的实施手段和措施。目标性计划适应高校进行长远控制、经营方向的控制，有助于克服高校的短期行为。高校设立的未来 4~8 年内各部门努力发展的目标及战略，即为中期计划。中期计划主要用以执行长期计划，有助于长期目标的贯彻与逐步实现，所以也称发展计划。

高校设立的一年内应完成的目标，即为短期计划或年度计划。它主要用以实施中期计划的目标及战略。短期计划除年度计划外，还应包括高校产销部门制订的半年计划、季度计划、月份计划及每周进度安排等。这类详细计划不应只含有金额收支数字，最重要的是应该有工作目标、方法、进度、负责人和经费预算等实质内容。

从本质上来讲，任何计划过程的结果，都在于建立某种形式的目标。高校各层次主管参与计划过程，既制订短期计划，又设立长期计划与中期计划，其目的是形成一套上下、远近相互关联的目标体系。长期目标标明与制约着高校奋斗目标，中、短期目标是长期目标的分解与落实；高校上层主管的目标和手段，制约着中、下层的目标和手段，中、下层的目标总是上一层的手段之一，这样层层相连，就形成了完整的目标手段链，否则就谈不上目标控制。良好的目标体系，应具体规定项目名称、数量水平、绩效衡量标准和完成时限等。

（三）建立整体的计划预算制度

只有充分认识计划的多样性，才能编制出有效的计划，才能建立"策划、规划、预算"制度，以贯彻整体性、系统性目标管理精神。整体计划预算制度主要包括以下三个过程：①策划：主要是指对目标、方针、政策的斟酌考虑。②规划：以确定贯彻目标、方针、政策的执行方案。③预算：在策划、规划基础上进行详细的经费预算。

整体计划预算具有层次性，其层次一般可分为：总体目标与基本使命的确定；分解为一定时期的目标；制定策略、政策、程序；制定方案；进行经费预算等。整体计划预算制度，不仅要求充分考虑计划的时效性和层次性，还要充分考虑计划的主题面、组织面、要素面、特性面等。以指导高校资源有效运用的各组织部门的计划，即为组织面计划。按执行层次来设定计划的，按静态性和动态性，分为不同的抽象或具体要素来划分的计划，即为要素面计划。将高校章程、种类、原则、政策、授权控制程序、办事细则，用人、用时、用材等标准做成的详细计划为静态性计划，由相关人员遵照执行，以改变"由人管理"的游击做法，实行制度控制。至少每年一次设定各种适当的数量性目标、策略、专项投资、行动方案及预算，即为动态性计划。动态性计划以静态性计划为基础，两者相辅相成，既有利于系统"稳定"，又有利于系统"成长"。根据计划特性划分的计划，即为特性面计划。计划特性有复杂与简单之分，主要与次要之分，数量与非数量之分，战略与战术之分，秘密与公开之分，成文与非成文之分，正式与非正式之分，容易与困难之分，理智化与非理智化之分，弹性与呆板之分，经济与非经济之分等。任何高校都希望制订出有弹性、经济性、理智化、数量化、成文及容易执行的计划，那些无弹性、浪费性、感情用事、不成文及无法执行的计划越少越好。

（四）要注意授权管理的加强

计划要有利于最高主管把握决策权，经由"责任中心"体制，分别授予各级主管，使其能有效地发挥策划、执行、控制的机能。如要把用人、用钱、工作等权力，分别授予利润中心、成本中心与工作中心等，以利于进行利润控制、成本控制、工作量与进度控制。凡造成失控达不到目标者，应追究其应负的责任。

（五）注重信息系统的建立

决策的制定，有赖于充分、正确与及时的信息。因此，进行计划工作，必须注重相应的信息系统的建立与管理。信息系统的管理工作有利于获取高校外部与内部的各种信息。高校需要从外部获得政治、法律、经济、技术、金融机构及投资者等方面的情报；也需要从高校内部获得教学、人事、财务、研究发展等方面的信息。

计划控制的设计工作，除了应该遵循一定的设计原则，还应该遵循一定的步骤。

第一，估量机会。估量机会是计划工作开始前的准备工作，是计划工作的真正起点，其工作内容包括：估计未来可能出现的机会和本高校适应机会需要的能力；根据自身的长处与不足摸清所处的地位，进一步明确为什么希望去解决一些不确定的问题，期望得到什么样的结果，估量机会是确定可行目标的关键。

第二，确定目标。该步骤应说明预期成果的目标、应做的工作和工作的重点。高校目标应为高校主要计划的制订指明方向。高校主要计划要规定一些主要部门的目标。

第三，预测环境。即预测一些关键性的计划前提，并使有关人员认同。这些前提条件，也是计划工作的假设条件——计划实施时的预期环境，如说明事实性质的预测资料、适用的基本政策和现行的高校计划。这一阶段的关键工作是进行预测，预测可以为应变计划提供可抉择的前提条件，能保证前提条件的协调一致，并能传达信息。

第四，明确抉择方案。探索与考察可供抉择的行动方案，特别要注意发现那些不显眼的行动方案；同时要采用初步考察或近似计算的方法选取一些最有成功希望的方案，以备进一步分析和选用。

第五，评价抉择方案。根据目标需要和假设条件来权衡各种因素，并以此对各种备选方案进行评价。有的方案可能有助于获得较大利润，但所需资金大，回收也慢；有的方案可能获利较少，但风险也小；还有的方案可能会更适合该高校的长远目标。由于各种方案都会受不肯定或难以捉摸因素的影响，再简单的方案，也很难作出完全正确的评价，因此有必要运用运筹学、数学方法和计算技术等科学方法进行方案评价工作。

第六，选定抉择方案。根据评价结果，选定最优方案，这是作出决策实质性的一步。在分析和评价过程中，如果发现同时有两个或两个以上的方案是可取的，可以同时择取几个方案，而不是一个。

第七，拟订教学计划。为了保证已择定的方案得到充分实施，还有必要拟订辅助计划即派生计划，如围绕基本计划制订人力、设备、资金等方面的具体计划。

第八，编制预算。在作出决策和拟订具体计划以后，就应将计划转化为预算，即编制高校的综合预算与具体的费用预算，以利于各类计划的汇总和作为衡量计划工作进度的重要标准。

二、计划控制的设计内容

（一）目标

目的或目标不同于希望，它们产生于严密而具体的思维，并使人员和组织为了实现它们而努力。目标的实现程度应当可以验证，目标能起到激励作用，并把个人的工作积极性引导到部门和高校的改善管理中，以提高经济效益和社会效益。任何管理者最基本的责任应该是保证组织有一个把个人、部门和高校目标结合在一起的目标网。这个目标网应该既要有总目标又要有具体目标。

任何地方高校都有一个社会赋予它们的基本职能和任务，这就是设立高校总目标与使命的依据，为了系统地阐述高校一定时期应达到的有意义的目标，就必须明确它的总目标或使命。但是不少高校对自己的使命往往是模糊不清的，一时很难回答。要确定一个高校的总目标或使命，应确定高校的服务对象，了解服务对象的期望和要求，以及满足服务对象的需要，逐渐明确高校自己的使命。地方高校的一般使命或总目标是赚取利润，因此就要有利润的基本目标，要实现这种目标，必须通过从事各种活动、逐步明确方法、实现各种具体目标和完成具体任务。

一定时期的目标或各项具体目标是高校教学活动所要实现的结果，它们不仅是计划工作的终点，也是各项组织工作、人员配备、领导工作和控制活动所要达到的结果。高校一定时期的目标构成了高校的基本计划。一定时期的目标或各项具体目标一定要根据高校的总目标、教学状况和教学环境来决定，而不是表现为某个具体的质量目标、数量目标。

目标具有等级层次性，由总目标或使命、一定时期的全部目标、专业性的全部目标、所属高校的目标、部门目标及个人目标组成；目标具有网络性，一个高校的所有目标是相互联系、相互支持的；目标还具有多样性，无论哪一层次的目标都是多种多样的。

设计目标有两种方法：一是传统方法；二是目标管理法。传统方法是由上级决定目标，并把它强加给下属。这种方法可能会引起下属的不满，也不能充分发挥下属的才智能力，存在着严重的弊端。目标管理法，是让下级在上级确定的范围内建立目标，如上级提供范围，下级就目标提出建议，上下级取得一致意见后，制定目标，下属对自己的工作进行计划和控制。目标管理过程包括先确定最高主管部门的目标、确定组织机构的目标、确定下属人员的目标等。目标管理法有利于管理工作水平的提高，有利于明确组织机构的作用与状况，能诱发人们对自己的工作绩效承担责任，能使计划工作更加有效，有助于开展有效的控制工作目标管理的评价方法、激励方法、系统方法及长远看问题的方法，在管理中得到广泛应用。但是目标管理法也存在着原理不清、指导方针不明、难以确定、趋向短期、不灵活、未形成网络、随意武断、没有坚持可考核性、过分强调数量指标、标准不适当等弱点。

（二）策略、政策和计划

1. 策略（战略）

策略或战略属于军事术语，含有一种对抗的意思，是现在普遍用来反映地方高校教学、科研的一种概念。军事上的战略，是指计划军事行动和战场的部署等。地方高校管理上的策略是把高校置于有利的环境之中，作出最基本的和具有深远意义的计划，是指为全面实现目标而部署的工作重点和资源利用的方法。策略既包含目标、政策，也包含教学计划。策略的总目标就是通过一系列的主要目标及政策来决定和说明所设想的高校状况，策略指明了一个统一的方向、重点的部署和资源安排，但不确切说明如何实现目标，主要是针对高校的经营思想和行动而言的。策略具有的控制作用不仅在于它能够根据高校的弱点与力量制定出解除外部威胁与抓住机会的对策；还在于它是最高管理部门的职责，是一种对各级都有制约作用的精神；同时还在于策略是一种长期观点，而不是短期行为。

2. 政策

政策也是一种计划，主要表现在计划中的文字说明，以此沟通或指导决策工作中的思想和行动。所以有人说政策是决策的指导方针，一种政策反映一种目标并指导管理者和职工通过思考与判断接近目标。政策的范围包括制定政策、保证政策和目标的一致性、促成目标实现。政策有助于将一些问题处理方式先确定下来，使不同的人面对同样的问题选择相同的处理方法，并给其他计划提供一个全局性的概貌，从而有利于管理者控制全局；政策的规定有利于缩小决策的范围，限定了决策的幅度政策层次与机构设置层次相适应，如有高校政策、部门政策及基层政策。政策也往往和某一机构职能相关，如财务政策就与财务职能相关。

一个高校有多种多样的政策，如有招工政策、提拔政策、奖励政策、职称政策、奖励政策等。所有政策一般可以分为明确的政策和含蓄的政策两类。以书面的或口头的作出规定，即为明确的政策，它向决策者提供了选择方案的依据。如把政策寓于既定模式的决策之中，并不写出或说出，即为含蓄的政策，含蓄政策的存在，一是因为没有必要作出明确规定，只需要按领导者处理问题的方法行事即可；二是因为有些政策羞于提出或者是不合情理甚至是违法的，不便明确规定。有人往往把政策理解为规划，这是错误的。因为任何政策都是鼓励自由处置问题和进取精神的一种手段，它虽然有一定的限度，但也有一定的弹性，它只是决策时考虑问题的指南，而不是规则。此外，政策既然是为了促使目标的实现，就应当具有一贯性和完整性，这就需要尽量使高校各项政策有明文规定，需要减少政策制定的主体，并尽量作出统一解释以助于控制政策。

3. 计划

制订教学计划包括作出具体的安排以及完成由策略计划确定的目标和政策。教学计划确定了实现目标的方法、财力和时间，教学计划是策略计划的产物，是一种为了在一定时间内达到某些特定目标，在考虑有关的环境之后所采取的手段。教学计划应详细地反映出计划内容，计划何时、何地执行，如何执行和何人执行等。综合性计划也叫作规划，即包括为实施既定方针所必需的目标、政策、程序、规划、任务委派、所采取的步骤、使用的资源以及其他要素等。

教学计划的类型有以下几种：

（1）程序、规则

正如政策是思考和决策的指南一样，程序是行动的指导。它规定了如何处理未来活动的例行方法，详细地说明了必须完成某种活动应当采取的准确方式。程序在一个高校无处不有，而且多种多样，越到基层，其规定的程序点就越细，数量也就越多，其原因是要更加审慎地进行控制。程序和其他计划一样具有层次性，如果政策只是指导决策的方针，那么程序就是一种决策的结果或实现目标的方法。如高校政策规定职工可以享受休假待遇，那么程序就要规定如何具体执行这种政策，如确定采取轮休方式，以免影响生产；规定假期内工资支付办法及差旅费报销范围；规定申请休假方法及应办理的手续；规定销假与报销的办法；等等。程序虽然不能保证完全满意的效果，但有益于特别业务的处理，有益于节约时间和精力，促使业务处理的规范化和制度化。

规则也是一种计划，它是一种最简单的计划。它与其他计划一样，也是从抉择方案中所选取一种行动或一种处理问题的方法。规则要求按一定的情况采取或不采取某种特定的行动，它不同于政策，虽然规则也起指导作用，但人们运用它们时，没有自由处理权。规则与指导行动的程序有关，但它不说明时间顺序。可以把程序看成一系列的行为规则，但规则不一定都是程序的组成部分，因为有些规则可以单独出现或不连贯出现，如"禁止随地吐痰"或"禁止在教室内吸烟"等都与任何程序无关。

（2）预算

预算是决定某一预期时期内（一般为一年之内）收入和支出量的计划。作为一种计划，预算是以数字表示预期结果的一种说明书。预算，有反映收支的财务预算；有涉及经营方面的，如费用预算、教学预算等；有反映资本支出情况的，如基本建设费用预算；有说明现金情况的，如现金预算。预算作为基本的计划工作手段，也是一种控制方法，它能够反映计划的要求，可以用来作为控制的切实标准。

预算计划工作就其精确性、详细程度和拟定的方法而言，有相当大的不同。某些支出或成本对整个时期来说都是固定的，而不管销售或生产的计划和实际完成情况之间的差别影响。这种反映固定成本的预算称为固定预算，如折旧、维修、资产税、保险费和其他基本管理费用预算等。有些成本随实际的销售额或产量而变，如某些地方高校管理费和教学经费等，对它们的预算为可变的或灵活的预算。还有一种新的预算方法，即把可变预算和方案预算结合起来的方法，称为零基预算，零基预算是把每一项都作为一项新的计划提出，事事都从零开始，把所要达到的目标和为实现这些目标所需要做的工作从始点做起，这种做法可以促使计划工作做得更完善，而又不依赖于过去的计划。事实上，预算工作的主要优点就是促进人们去做计划，而且做得很完善。

计划除了上述内容外，还有时间安排计划，即就一项确定完成特定活动的时间期限进行计划，无论是简单的还是复杂的，时间安排均是一种关键性的计划工具。

（三）决策

决策渗入全部管理机能和过程，它是从体现某种工作方针的各个抉择方案中进行选择，是计划工作的核心部分。只有拟定了决策，才能说有了计划，决策是管理者的中心任务，决策实质上就是解决问题，合理思考和决定问题就是解决问题，如某些事情发生了，它需要回答；某些事情应该得到更好的处理，或者应该做些新的事情等，这都需要解决问题。

进行决策首要的是提出问题与确定诊断问题，为了更好地把握现实，一般应进行系统思维来确定问题，在假设条件与获得事实阶段，理应获得全部事实，更主要的是要获得有选择的关键事实，这样的事实事关问题的关键，也是能够决定成败的问题。当人们充分了解了事实以后，头脑中就已经形成了一种或几种解决问题的方案，事实掌握得越多，解决方案的数目也就越多，但人们必须通过研究和判断，借以发现各方案的限定因素或战略因素，以利于进一步评价方案。选出一些决策方案后，就应对其进行评价，然后再从中选出一个（有时是多个）最有利于达成目标的方案，这是决策的最后一步，也是关键的一步。评价工作既要考虑定量因素，即各种固定费用流动费用等，还要考虑定性因素，即那些无形的从而无法定量的因素，如劳资关系的特点、技术变革的风险、政治气候变化等，在比较方案中，理应对数量和质量因素同样重视。评价方案时，要进行边际分析、费用效果分析，要反复权衡；每一种方案对实现目标有多少贡献，是否符合高校既定的决策；每一种方案实施起来花费大不大，费用和收益相比的结果如何；怎样才能贯彻得更好等。选取方案时，应从三个方面充分考虑：一是经验。要认真地总结过去的经验，正确地对待经验，把经验作为分析问题的基础，而不能仅凭个人经验作为未来行动的指导。二是实验。对准备选取的方案要进行实验，并仔细观察它们所发生的结果，然后加以确定。三是研究和分析。首先应了解问题本身，对影响每个方案实施的关键变量、限定因素、前提条件及相互之间的关系应进行研究。其次要把每个方案分解成有待研究的组成部分和各种定量与不可定量的影响因素，最后加以详细地推敲，如使用持平法、报酬矩阵、决策树、存货决策、线性规划、排队理论等定量分析方法。研究和分析方法的一个主要特点是拟出一个模拟问题的模式，以便于执行中对照检查。

第二节　组织人事控制

一、组织机构设置

组织机构设计的关键是怎样划分部门。划分部门有多种多样的方法，其关键要使部门划分后所构成的结构体系适应战略、技术和环境方面的特定条件。传统划分部门的方法有两种：一种是按数量划分；另一种是按时间划分。单纯按数量划分的方法是：抽调出一拨无差异性的人，哪位主管统领，去完成一定的任务。这种方法的实质不在于这些人去干什么、在何处干以及在什么条件下干，而在于所需人力的数量。以人数为基础划分部门的方法，不适应劳动技巧的提高，也不适应专业化的需要，更不适应高、中层的管理，而仅仅适应组织结构的基层。按时间划分的方法是：根据时间来组织业务活动，如采用轮班制的方法。这种形式的主要缺点是不利于监督和提高效率，同时增加了中、晚班费用，也只适合基层管理的需要。目前流行的划分方法主要有以下三种。

（一）职能组织

职能组织即按高校的职能组织业务活动，以便每个系部都有不同的义务和责任。这里首先要确定的是一个高校的主要部门，即人数多、费用预算大、关系高校存亡的主要职能部门；如果每个主要职能部门管理幅度太大，就应进一步划分派生职能部门。职能组织的主要优点是合乎组织工作逻辑；能遵循专门化原则；能维护主要职能的权力和威信；能简化训练工作；能有效实施上层严密的控制手段。其缺点是仅仅由上层管理当局对绩效情况负责，过分强调专业化，不利于一般主管人员的培训，部门之间难以协调。

（二）区域性组织

以地理位置为基础的地区划分部门的组织结构，即为区域性组织。该种方法特别适用于规模大的学校，或者业务活动分散的地方高校。它能够像产品组织那样，确定单个业务高校的绩效责任，能够激励管理人员考虑区域性高校的全面成功，能适应不同区域的特点。其主要缺点类同于产品组织的缺点。

（三）矩阵组织

20 世纪 70 年代，人们在同一个组织机构内将按职能划分部门方法和按产品划分部门方法结合在一起，即为矩阵组织。这种组织也称"方格"组织，或"项目"管理、"产品"管理，实质上是一种折中的办法，这种办法能获得职能和产品两种结构的长处，同时又能避开二者的不足，有利于高校适应外部的环境，还有利于信息的交流，也有利于减轻经营和成本方面的压力。但是矩阵组织也有其弱点，如无政府主义的趋向，过度的权力斗争和开会及群体决策太多。

除了上述几种主要的划分部门的方法以外，还有面向市场的划分方法，按工艺和设备的划分方法及按服务部门划分的方法。任何组织机构的设计并不限于采用一种方法或类型结构，应努力使组织的不同部分适应不同的条件，采用复合设计法，以鼓励人们以最适应工作任务的方式进行思考和行动。此外，应重视一级高校的分组以构成完整的责任中心，一级高校设立标准，关系"事业部制度""目标管理""集权与分权"等现代化管理方法与知识的应用；完整的责任中心体系包括服务中心、教学中心、成本管理中心与工作中心。事业部制度组织是以"服务中心"制度为组织的设计。

二、协调关系设置

分工与协调是组织控制的两大职能。分工可以使组织内部活动专业化，而协调有利于部门上下级之间的配合。通过部门划分以后亟待解决的问题，部门间必须加以协调使之成为一个工作整体。一个组织不只是由若干个有着各自目标的独立部门组成，为了取得工作成功，必须将各部门的努力结合成一个整体。如果一个组织协调不好，就会出现控制失灵、冲突严重、职权和工作能力分离、某些工作无人过问等现象。无论什么样的组织都是协调人行为的非人性质的体系，其协调方法多种多样。

(一) 纵向协调设置

有意地建立一个职权等级，规定各级管理职务责任和上下级关系，旨在开辟指导职工活动和交往的途径。设计职权体系，是设计协调组织的起点，其目的是要建立一个强有力的指挥系统，使指挥系统中的每一个人都明确自己所处的位置，知道谁向他负责，他向谁负责；命令从上向下传，报告自下向上传。设计职权等级的原则是建立报告关系、负责关系及控制跨度。任何高校应建立从最高管理者到最低管理层的、相联系的和不间断的报告关系。这种报告关系也称为命令链，它要求从最低管理层开始，每一级都要对一位上级负责，并据此来检查每个人的行动是否违反了上级的期望，这样就有利于各级之间的协调。建立命令链的思想，要求人员之间的交流和对下属的控制不应间断，下级不应该背离上级指导；任何一级管理人员不应绕过其直接负责的部门，向更低一级的主管人员发布命令。根据统一命令的概念，下属只对一位上级负责，而不可能满足多头上级的要求，否则会造成不应有的紧张关系。为了便于纵向协调，还应适当注意各层次管理部门的控制跨度（管理幅度）。管理幅度是指对管理人员（或部门）所管理的人数或所属机构的实数的限制。管理幅度到底多大为宜，应根据部门等级、主管人能力、授权程度、被控制者素质、工作制度、工作程序、工作计划而定，并没有统一规定。影响管理幅度大小的主要因素是业务活动的多样性、不确定性、新颖性，下属工作的复杂性、随机性、责任性，下属人员的专业水平，标准化程序，非管理性工作量等。

(二) 横向协调设置

任何组织除了纵向协调外，还必须注意横向协调，即部门间的协调。在设计横向协调时，必须注意需要协调的地方、需要协调的程度、协调机制、适用情况等。部门间之所以要协调，取决于部门间的相互依存性及其产生的结果。如教学和后勤部门，应根据教学需要进行协调，否则会导致教学质量的下降，直接影响高校管理水平和其生存发展。到底需要多大程度的协调，主要依据各部门从事的共同任务具有多大的不确定性来决定。任务不确定性越大，需要协调的程度越大，其决策者需处理的信息量就越大。因此有必要设计协调机制，即设计进行部门间信息交流和拟定决策的手段，具体内容如下：①建立标准程序，以解决常规性的协调问题。②建立垂直的职权渠道。如果存在的问题不太多，而部门间的利益冲突又难以解决的话，应通过有权做决定的上司去解决，但这种协调方法不经济。③建立临时会议制度。当有关部门发生不协调情况时，应由各方派代表参加碰头会解决。④建立定期会议制度。如果部门之间经常发生不协调问题，可以定期举行会议加以解决。⑤明确协调责任。在部门目标和职务说明中明确规定协调责任及合作义务。⑥建立协调机构或专设协调人员。如高校协调工作很多，理应设置协调机构或协调人员，专门从事责任划分工作，负责平时的协调工作。如设调查员、联络代表、协调人、计划员等承担中间人的任务。

此外，还可以根据矩阵理论设计协调机制，用以解决既相互竞争又很重要的两项工作。有了各种协调机制和手段，还应根据不同的需要进行选择，以保证其有效使用。

（三）"参谋"协调设置

除了纵向协调和横向协调，很多管理者还采用"参谋"协调的方法。参谋在管理学中有着各种不同的内容，有时是指管理人员助手的职务，有时指的是一种特别职务——处于从属地位，只向一名管理者负责。无论怎么说，参谋具有服务、咨询、监督与控制职能，参谋部门负有临时性的协调之责，还能起到帮助的作用。从整个组织机构来说，某些部门对整个组织而言，主要是参谋式的关系，另外一些部门主要是直传关系，要做好各部门的协调工作，不仅要注重按分级原则进行直线或阶梯式的职权关系的设计，还要注意具有顾问性质的参谋关系的设计。

（四）职权协调设置

把职权和决策权向上移称为集权，向下移则称为分权。更确切地讲，管理者如果把职权和决策权集中到高校结构的最上层，即为"集权"；如果把职权和决策权分散到全体下级人员，则为"分权"；有些管理者授予下属特别职权职责，即为"放权"。

如果一切问题均由最高管理层作出回答，这样有可能导致决策慢或作出不高明的决策；如果一切问题均由下层作出回答，又有可能造成失控，铸成大错。过分地集权和分权均有利弊这是显而易见的事，如何更好地进行职权控制，应采取随机制宜的原则。对一个特定的组织来说，在特定的时期内，它的某些职能最好实行集权，其他职能则实行分权，只有通过掌握特定的事实，在处理特定职能时权衡利弊后才能作出正确的决策。要把各种职能看成由不同的活动组成，而不能看成整体一块，对一些活动可以采用分权，对另一些活动则需要采用集权。

放权或授权管理，是一种较好的职权管理形式，它是指管理人员分配任务和分配完成任务所需的职权和职责的过程。授权控制应力求做到完全性、明确性和充分性。完全授权是指对每项任务分配时，授予被授权者应负的责任和应有的权力，以避免无人负责的现象。明确授权是指授权者应明确告诉被授权者对何种任务负责、有哪些职权，应使下级人员清楚了解自己的任务、职责和职权，在职权范围内无须事事请示。职权是发布命令的权力，职责是对结果所负的责任，二者应该平衡。授权的充分性是指授予下级的职权应能充分保证其承担相应的责任，这样有利于促进有关任务的完成。此外，应该注意的是，进行授权管理，并不能减轻上级应负的责任，上级应对下属职务范围内的行为负责。进行授权设计，必须遵循按照预期成果授权、明确职能界限、分级、分层、统一指挥、职责的绝对性、权责对等原则。

（五）影响力设置

要把职权变成影响和改变行为的力量，职权才能产生效率或效益。一个人的行为可以受到另一个人行为的影响，产生影响的能力即为力量。要使各阶层主管能够产生影响下属行为的力量，必须发掘各种力量的源泉。如采用合理的报酬、适当的处罚、合法的管理、模范的行为及专家型的指导等。只有当下级明白上级能给予他合理的报酬，他才乐于接受任务；只有当下级明白应受处罚的范畴，才能遏制下级无理的需求和使困难的任务得到接受；只有当下级明白了上级的指挥是合法的，他才能服从；只有上级以身作则作出表率，下级才能仿效；只有上级有能力满足下级需要的知识，才能使下级心悦诚服。

三、工作设置

明确了如何划分部门和如何协调部门的工作后，就应该进一步明确如何设计部门职掌和群体及个人应完成的工作。各部门的职掌是一个为达到共同目标分工办事的环节，若干环节形成的链才是大家共同维持其密切配合的工具，进行部门和个人工作设计时，要根据总体战略来设计，使各部门或个人的工作有利于总体目标的实现和战略的实施；要根据技术因素，进行专业化分工，即把大的任务分成若干小任务，以助于增进职工技巧和提高效率；要在考虑技术因素的同时，考虑到心理因素（职工价值观、责任感、成就感等），以满足职工对工作多样性、完整性、重要性、自主性与自动反馈的要求，以利于激励职工，唤起积极性，对工作感到充实而满意。职掌与工作设计，一般先从主要教学部门开始，再设计服务部门的职掌，如对总务、人事部门工作设计，然后根据工作程序一条一条地列举出来，进行整理归纳。

四、人事控制设置

人事控制的根本目的，就是要采取某种确保高校目前和未来都能正常运营的办法，为组织结构中各个职位配备合适的人员。人事控制不仅是人事部门的职责，而且是高校主管人员的职责。主管人员所从事的计划、组织、领导和控制等工作的职能，事事都与人员相关，人事控制是主管人员的一项决定性的职能，并且是一项决定高校成败的职能，任何领导都应该正视"人力资源开发"的挑战，如果不能有效地进行人员的挑选、使用、考核与培训工作，那么整个高校就会变成一台腐朽的机器。

（一）选择设置

选择人员设计主要是对人员配备与人员选拔方法方面的设计。

人员配备工作应该与高校组织结构及计划目标工作协调一致。人员配备是一个复杂的过程，它可以作为管理人力资源的一种系统方法。高校任何计划都要人去贯彻执行，进行人员配备必须以计划为基础；组织计划是确定人员需求量的关键，同时还应考虑任命率、年龄、健康状况等其他因素；根据高校内部和外部人力资源状况，对主管人员需要量进行分析；招聘、选拔、安置人员，同时要做好考核工作。在人员配备过程中，应充分考虑到外部环境与内部环境的影响。尽管人员配备工作主要由人事部门和各管理层的主管人员来负责，但拟订人员配备计划、决定招聘范围、制订选拔程序、确定考核方法以及规划培养开发等人事政策，还是应由人事部门在高校最高管理者直接领导下贯彻、落实。高校各类人员质量，特别是各级主管人员的质量，是任何一个组织取得成功的决定性因素之一。选择人员，特别是选择主管人员必然是整个管理过程中最关键的步骤之一。选择人员必须遵循一定的步骤和使用系统的方法。要从以下方面有效地选择人员。

首先，要对各职位的要求进行客观的分析，即应明确各职位的工作内容、工作方式和需要的知识、态度和技能，要确定职务的适当范围，既不能过宽，也不能过窄。职位应包含饱和的工作量，工作应对任职者具有挑战性，使他们感到自己得到了充分任用；职务应反映所要求的工作技能，如要求专业技术人员应具备技术性技能、人事管理的技能、概括分析的技能、谋划设计的技能以及分析与解决问题的能力等。

其次，要对各职位的重要程度进行评价。这种评价不同于对工作成绩的评价，一般使用三种方法：一是采用"排队"比较法，来确定各职位工资标准和地位，一般是以薪金水平来表示职位差别的幅度；二是根据职务要素评分来评定职位等级，即先选定几个职务要素，给它们规定权数和分值，然后以数字表示每个要素，要素主要包括所要求的教育程度、经验、智力、体力、职责和工作条件，主管职务应评定的要素是所要求的技术知识、所要解决的问题和所负职责的范围大小等；三是采用判断时距法来评定职务价值，即通过对某个职务所承担的各项任务时的分析，来衡量判断时距的长度。例如，某一职位中所发生的差错很快就能暴露出来，而另一职位中所发生的差错要很长时间才能表现出来，对后者工作的判断时距就比前者长，其职位价值也应比前者高。

再次，要明确各职位所需人员应具备的素质，除了应具备的技能以外，个人的素质也很重要，如主管人员必须具备管理欲望、沟通感情的能力、正直、诚实及工作经验等。

最后，进行正确选择，在明确各职位所需人员的规格要求以后应招聘、选拔人员，一般采取目标选拔法，即将职位工作目标与被选人的工作经历与技能、素质进行对照，按相符程度进行挑选，具体选拔时应使用口头审查、审阅资料，对智力、才能、业务、个性、熟练程度等进行测试、集体评审。

在选择人员时，应特别注意对各种不同类型的应征者进行区别判断，面谈是一种最好的方法，因为高校要选择的是一个实实在在的人，而不是一张内容丰富的履历表。

（二）用人设置

管理之道在于"借力"，即任何主管人员的基本使命，应借助部属的力量，完成高校的整体目标。高层主管应借助中层主管的脑力，中层主管应借助基层主管的脑力与体力，基层主管应借助职工的体力，现场职工应借助本身的体力及可用的机械力，以完成各管理层的目标。借力的方法，一是计划，二是控制。计划泛指所有决定未来要求部属完成的目标及执行方法的思考过程，计划在于创新。控制泛指确保达成计划目标的措施，一为组织结构，二为人员督导。组织结构应表达清楚各人的职位层次，明白指出各人上下沟通的管道，确定员工间协调及合作的中心，否则就会失控；督导是指日常纠正、指导下属行为以期达到目标的活动，如果每一位下属都能自觉地依照上级指示行事，则无须督导。

管理是人力发展而非事务指导。只会做事不会管人的人，不适宜当领导。各级领导均应掌握各种人事处理工作，如员工关系、客户关系、社区关系、政府关系、金融关系等，处理好内部员工关系是用好人的关键。用人之道，一是要因材施用，使每个人适得其所；二是要培养人才，不断增进其才干。如设置一套有效的方法，用以测定个人的工作成果；创造良好的条件和环境，增进员工的绩效与成就；设法征召和储备最优秀的人才；教育具有潜力的人员，来胜任今后更复杂的工作；建立一套有效的考核办法，扎实而公正地考核与评定每个人的绩效；依据成就标准，予以奖励，以提高士气。各层次的管理人员十分关心领导对他们的期望，希望上级能了解自己的工作状况，必要时需要指导，并希望领导主持公正，依据他们的成就给予精神与物质的鼓励或给予升迁机会。同时他们也受到知识问题、技术问题、信息问题、态度问题、沟通问题、人格问题等方面因素的干扰。主管人员应十分关心各层次人员的心态并采取措施为其排忧解难，既要与部属沟通信息，又要持虚心、诚实、谨慎的态度去提高管理技术，解决难题，如要评鉴已经获得的成果、分析当前的需要、设定高校的长短期目标、确定权责的归属、量度业务进展、评核绩效、确定成就给予报酬、更好地设计未来等。

（三）培训及开发设置

通过教学训练以培养管理人员如何管理，即为高校培训工作；组织开发是一种系统地、综合地、有计划地提高高校效能的方法，其目的在于解决对各级管理层运营的不利影响的问题。按照运营—管理理论的方法进行培训与开发，首要的是进行目标管理、工作充实化教育和敏感性训练；最高管理者要积极支持培训工作，培训对象要包括所有管理人员与教职工，学习要建立在自愿的基础上，培训要求因岗位或个人条件而异，培训方法取决于培训要求，理论必须与实践相结合。

对任何个人的培养与训练，首先要明确他现在的成效与行为和要求达到的成效与行为之间的差距；其次要明确他现有的才能与担任下一个职务所要求的才能之间的差距；最后要预测未来，根据变化了的技术和方法所要求达到的新才能。只有明确了上述三个方面的问题，才能进一步明确培训目标和培训方法。

培训的主要方法有在职培训与离职培训两类。在职培训，是受训者一边学习，一边工作，其具体方法有：有计划地提级、职务轮换、设立"副"职、临时提升、个别辅导、建立临时受训机构等；离职培训，有在高校内部和在高校外部的训练，如进行敏感性训练、有机行为修正法、交往分析法、短期培训、专业证书班培训、特别培训、自修培训、视听培训及模拟培训等。

组织开发的核心是要使高校各级管理者一起努力，以解决部门或高校所面临的具体管理问题。以解决协调欠佳、过于分散和信息沟通不灵等问题，具体方法有实验训练、主管工作方法训练及调查反馈等。任何组织开发，其关键是人力资源开发，而人力资源得到充分发挥的关键是要创造一个使全体教职工安心敬业的组织气氛，如组织机构清楚，权责明确；适当的授权，充分发挥个人积极性；赏罚分明，鼓励多于指责；相互关心，团结和睦；容忍异己，鼓励批评、建议；互相认同，把高校利害、荣辱与个人利益结合起来；等等。

每个高校都应该重视人事教育工作，充分发挥人事管理的职能。如健全人事组织，根据高校规模大小，设立合适的组织机构，明确其权限职责，科学办理人事行政和人事服务工作。高校需要制定科学的人事制度，其内容包括任用条件及手续、工资标准、工作时间、请假规定、员工福利、管理规则、考勤与考核方式以及奖惩、调动、离职、退休等一切人事规章；加强劳动工资管理，及时处理师资不足或过剩问题，以及定岗定级、转正、调资等问题，对外、对内进行协调与联络等行政工作；加强教育培训工作，有计划地组织职前训练、在职训练、正式教育与补习教育等；加强人事任用工作，如按政策与规定办理招聘、奖惩、升迁、调动、缺勤、考核、退休等人事手续，对于一些敏感问题，要增加透明度，并要接受群众监督；此外，还要加强医疗保健、职工福利、协调服务等工作。人事管理工作，涉及整个高校的工作效率问题，对人管理成功，就可以提高工作效率、方法效率、设备使用效率与资金使用效率，相反则可导致高校失利。因此必须注重挑选人事管理人员，严格要求人事管理人员，使所有人事管理人员能把握国家劳动人事政策，熟悉劳动人事制度，明晰事理、善于分析判断，具有丰富的办事经验，温和谦让、办事认真，并具有较强的协调和说服能力等。

第三节　行政领导控制

一、领导控制设置

领导必须了解下属的需要，哪些是有效的激励因素，以及如何发挥其作用。如果把这些认识贯彻于管理活动之中，领导的职能作用就能得到更好的发挥。任何领导行为都要合情合理，以适应下属心理及情绪上的需要，奖励应多于惩罚，引导应多于禁止，更不能强调"乱世用重典"；任何领导行为事前均应做周密的计划，一切问题都在所想之中，使下属找不到推托的借口，工作动态在掌握之中；任何领导行为都要体现出领导者公正无私、平等待人，不能以有权、有技术自恃。任何领导者的成效主要取决于个人品质、领导方法及对环境适应三个方面的因素。

对于领导者和非领导者在个人品质上的区别，有很多不同的观点，但一般均认为领导者具有完成任务、取得成就的强烈愿望和责任心；有追求目标的干劲和韧性；有解决问题的智力、才能、创造性和冒险精神；有开拓精神和自信心；有决断和敢于负责的精神；善于处理和调解人与人之间的紧张关系；能忍受挫折和失败；有影响他人行为的能力和社交能力；能尊重、关心和信任他人等。领导者的个人品质，有的能适应所有的环境，有的只能适应有限的环境。根据"我国地方高校领导者所处地位及应发挥的作用"，高校领导应该具有十个方面的素质：坚定的政治方向，应有的社会责任，讲究社会效益；创新意识，以适应商品激烈竞争的需要；清醒的战略头脑，有超前意识，既要有战略目标又要有战略步骤，把当前与长远利益，现实与长久利益结合起来；果断决策，敢冒风险；有很强的竞争意识；有文明精神，创新、求实、奋进，将地方高校精神转化为物质财富，充分调动职工积极拼搏与奋进的积极性；出色的组织才能，善于指挥，敢于授权，培养与造就优秀人才；广泛的知识和爱好，要形成知识优化组合的领导群体，要进行智力开发和感情投资；有无私奉献的精神，"先天下之忧而忧，后天下之乐而乐"；密切联系群众。

以运用职权为基础的领导方式，一般分为三种：一是专制独裁式的领导，要求别人要言听计从，自己教条专断，全靠奖惩的办法来领导他人；二是让职工参与管理的领导，让下属参与行动和决定的制定，并且鼓励他们参与管理；三是极少使用自己权力的领导，在经营活动中给予下属高度的独立性，让下属设定自己的目标并且实现自己的目标，认为自己的工作只是给下属提供信息、做好群体与外部环境的联系工作，以此为下属工作创造良好条件。上述三种领导方式，每一种都可以细分为多种形式。从领导风格上来讲，无非是"以人为中心"型的领导方式和"以任务为中心"型的领导方式两种。领导者主要关心良好的人际关系和个人的声望，把主要精力放在下属身上，注重研究他们的感情和他们之间关系的好坏，即是"以人为中心"型的领导方式。这种领导方式的实质就是尊重下属人员，是民主的、宽容的、平易近人的、体贴人的。这种领导方式确实能够增加员工的满意程度，也有利于加强群体的团结，但是对生产率的影响并不总是成正比的。领导者主要关心任务，把主要精力集中于所要完成的任务上，关心工作进程和完成工作的手段，即是"以任务为中心"型的领导方式。这种领导方式的实质就是对生产任务的关心压倒一切，而对下属漠不关心，是独断专行的、爱限制人的、很少社交的、命令型的。这种领导方式通常和生产率构成正比的关系，倾向于降低职工满意和团结程度。

根据现代化的管理和适应环境的需要，在领导控制设置中应该采取两种风格结合式的领导方式——权变式领导。

权变式领导，一是要求领导者要明白自己最感兴趣的领导方式，对特定事务应有主观意见，能感受到自己的领导成效；二是要求下属明白所接受的领导方式，对特定事务的个人看法，对主管的领导方式。

权变式领导对下属的领导应做到以下几点：第一，要让下属了解领导方式。即通过授权管理，领导应承担决策的好坏，不可推卸责任；授权后，领导不得参与下属的决策过程；领导应充分认识到民主式领导的重要意义；有必要使下属了解自己的领导方式。第二，领导必须充分了解权变因素，以便随时对所遇到的问题有最佳判断，进行有效的权变式领导。领导应依据本身的背景条件、学识经验等特质，并通过主观判断来处理有关领导的种种问题。第三，领导者应根据下属的特性，容许其有较大的决策自主权。如下属需要高度工作自主权，愿意承担决策责任，容忍领导做含混指示；希望自己解决某些问题，明确、了解与认同组织目标，具有决策的知识与经验，具有分享决策权的默契等。第四，领导方式能适应组织形式、工作效率、业务特性、时间压力等生态环境与特定情况的需要。第五，要制定长远的策略目标。如提高激励水平、提高适应变迁的能力、提高决策质量、培养集体主义精神、提供个人发展前景等长远目标与策略。

领导者的管理方法一般有四种：压榨式和权威式的方法、开明式和权威式的方法、协商式的方法、集体性参与方法。采用集体性参与方法时，领导对下属抱有充分的信心和信赖，经常征求和采用下属的看法和意见，现代管理的实践表明集体性参与方法是较有效率和成果的管理方法。

凡是对人和任务都表现热切关心的领导者，都要比只对人或只对任务表现一般关心的领导者能取得更高的生产率和使集体更加团结。在熟练的管理实践中，领导实际上就是对计划、组织和控制的补充——当这些程序不能给下属提供足够的指导或帮助时，则通过领导予以补足。领导能帮助消除工作中的障碍，领导者或主管人能设计一种环境，使群体成员潜在的或明显的激励动机能作出有效的反应，这就是方法—目标理论，是目前最有效的一种领导方式。这种方式的本质是，最有效的领导者应能帮助其下属同时实现地方高校目标和个人目标。其方法就是要明确规定职位和员工职责，消除取得成就的障碍，在制定目标时谋求群体成员的协助，加强群体的团结和协作精神，增加个人在工作过程中得到满足的机会，减少不必要的心理压力和外部控制，明确奖励标准，以及做其他一些符合人们期望的事情等。方法—目标理论对上层职位和专业性工作特别有用，但对日常生产工作的实用价值不明显。

要想获得成功的领导，领导者必须有修养，在某种意义上来说，领导者为人处世的修养比知识本身更重要，它能极大地改善领导者和被领导者之间的人际关系。领导者必须通晓形成有效领导的各种因素、随机应变的各种方式、有关激励和领导理论的基本内容，必须善于将知识应用于实践；领导者应将自己置于他人的地位，设身处地地体会他人的感情、好恶和价值观念等；领导者应力求做到处事客观，不带任何感情地观察和追溯事件发生的起因，以超脱的态度进行评价，先分析后行动，克服仓促判断，尽量克制情感，以防处事不公；领导者有自知之明，即要意识到自己为什么会有某些行为，为什么有些行为不会引起别人的反应，有些行为则会引起别人的反应，甚至引起敌意。有效领导虽说取决于领导者的个人品质、风格、方法等，但注意领导者群体组合、优化领导班子更是实施领导控制的重要方面，它不仅是实行参与管理、民主管理的需要，也是我国完善各种经济责任制的需要。

现代管理学认为，如果整体内部每一个个体的选择是好的，群体组合的形式也是好的，那么整体的效能则大于个体效能之和。作为整体领导职能来说，每个领导者是优秀的，其群体组合又是合理的，则领导集团的能力应大于每个成员能力之和，因为在个体能力之和之外还应加上"集体力"。任何高校的领导班子，注意个体的选择是为了发挥每个个体的特长，注意群体的组合是为了发挥集体的力量。为适应现代化、社会化大生产的需要，地方高校领导班子群体必须围绕共同的经营目标结成彼此协调、长短互补、团结努力的集体。实现地方高校领导班子群体的最佳组合，必须遵循目标原则、效率原则、能级原则、取长原则与协调原则等；还必须做到老中青结合、技术与管理结合、知识的广度与深度相结合、将才与帅才相结合等。

二、授权控制设置

任何高校不能由校长一人独揽，必须进行工作责任委派，这就产生了授权。授权就是由上级主管或权力者授予下属一定的责任与事权，使之在其监督下得以自主地处理与行动。授权者对被授权者保持有指挥与监督的权力；被授权者对授权者负有报告与完成的责任。授权与代理不同：代理是依法代替某一人执行其任务；而授权是仍负责行使其法定的权力。授权与助理不同：助理是由他人帮助负责以成事，助人者无任何责任，而受助者仍负其责；授权则是被授权者负有一定的责任。授权与分工不同：分工是各负其责，彼此无隶属关系；授权则是上下之间仍具有监督与报告的关系。从本质上来看，授权只是把决策权分给部属，但不是分散决策责任，相反，是权力下移而责任向上集中。授权不授责，授权留责，更不能只授责不授权，否则会导致主管推脱责任或揽功自居。授权控制的主要功能是：减少主管工作负担，把他们从繁杂的事务中解脱出来，以利于思考和解决重大问题；改进人事行政，增强下属责任心，提高情绪与工作效率；发挥下属的专长，补救主管的缺点；在管理实践中培养干部，增进下属的学识、经验与技能，以利于人才储备。

以正式或非正式的方式授予下属用钱的权力；以明文或非明文的方式授予下属增人与选用的权力；以工作说明书的方式，授予下属进行例行工作的权力，而不必事事请示或等批准。授权的时间应根据具体情况而定。如果一个高校在遇到高级人员空缺，在职人员力不从心，有人兼任多个要职，机关工作决定权限于极少数人手中，工作人员缺乏主动积极性等，均要进行必要的授权。如果高校主管人员感觉到计划及研究时间紧迫，办公时间经常处理例外公事，工作时经常被下属请示打搅，也就需要进行必要的授权。

授权应以被授权者的能力强弱及知识水平高低为依据，因事选人，视能力授权；授权前必须做充分的研究与准备，力求将责任与事权授予最合适的人员。要根据明确的隶属关系进行授权，不得越级授权；要明确授予权责，具体规定其目标、范围；要进行适当控制，以免造成授权过度与不足，并规定考核与检查成效办法，建立适当的报告制度；要量力授权，应根据下属能力的高低来决定授权，不可机械与硬性授权；校长要保留权责，过度授权等于放弃权力，某些权责校长理应保留；要相互信赖，授权者与被授权者应相互信赖，主管不得干涉下属的单独决定，下属应竭力办好权责范围内的事，不要事事请示，也不得越权行事；要适时授权，授权理应遵循一定的原则，但并非一成不变，授权必须视地方高校业务所处的实际情况来决定。授权不仅是科学也是艺术，因此也要注意授权技巧，如集中精神处理管理责任、依工作性质分派各人员执行、使下属有自由裁量权而仍能控制自如、使用正式任务命令书方式等。

三、激 励 机 制 设 置

高校管理人员的首要任务是创造和保持一种有利环境，促使人们发挥作用，帮助高校或部门完成其组织任务与目标。任何组织都要有一定的激励机制，去激励人们工作。人一切行为的基本要素是活动，其中包括体力活动和智力活动，而且人的一切活动都是有目的、有动机的活动。动机是一种能够提供精神力、活力或动力，并能够指导或引导行为达到目的的内心状态。激励是可运用于动力、期望、需要、祝愿以及其他类似力量的整个类别。上级激励下级，是指他们在促进、期望和诱导其下级按照所希望的行为行动。激励过程实际上是一个连锁反应，首先是感觉到有"需要"，由此而产生"要求"或要达到的目标，其次是造成紧张感，意即未满足的"欲望"，于是引起行动以达到目标，最后是要求得到了满足。

激励因素就是那些能诱使一个人做出成绩来的事物，主要包括物质与精神激励两方面，如高薪、头衔等。激励因素就是能影响个人行为的某种东西，它对一个人愿意做什么的取舍有重大影响。人们的需要分为两类，一是维持因素，不起激励作用，但非有不可，如高校政策、行政管理、监督、工作条件、人际关系、薪金、地位、职业安定、个人生活等；二是职务内容因素，它是真正的激励因素，如成就、赞许、晋升、工作富有挑战性和在工作中成长等。有关激励的理论有奖惩理论、期望理论、需要即激励理论等。奖惩理论主要是指运用奖、惩两种办法来诱导人们按所要求的那样行动，虽然是一种传统的手法，但至今仍旧有效。期望理论的内容是：人们受到激励去做某些事情，以实现某些目标，只要这些行动是在他们期望有助于达到目标的范围之内。需要即激励理论认为，人有三类具有激励作用的基本需要，如权力需要、归属需要和成就需要，根据这些需要，激励主管人员的重要因素有工作的挑战性、地位、取得领导身份的强烈愿望、竞争的鞭策、恐惧与物质等，根据现代管理的需要，激励的方法与手段主要有合理的报酬、正强化、职工参与管理、工作内容的丰富化等。报酬无论在什么时候都是一种有效的激励手段，根据人们的工作成就给予合理的报酬，有利于调动人的积极性。

正强化方法或"行为改进"的方法，认为借助于适当设计人们的工作环境并对其所完成的工作成就加以表扬，就能激励他们，而对不良的工作表现加以惩罚则会产生相反的结果。这个方法强调排除不利于取得工作成绩的障碍，细致认真地从事计划工作和组织工作，运用反馈来进行控制，以及扩大信息沟通的范围。因为很少有人不会被参与商讨与自己有关的行动所激励，因此职工参与管理是一种成功的激励方法。在工作现场中的大多数人是既知道问题的所在，又知道解决问题的方法，这无疑会产生激励作用，而且又能为地方高校的成功提供有价值的知识。参与管理与许多基本的激励因素相适应，它是一种对人们给予重视和赏识的手段，它能给人满足归属的需要和受人赏识的需要，尤其能给人一种成就感。鼓励职工参与管理，并不意味着主管人员放弃自己的职责，他们鼓励职工参与管理并仔细倾听下属的意见，但需要他们进行决策的时候，还必须自己决策，下级不会干预上级的职权，也不会对优柔寡断的上级产生敬意。

使工作内容丰富化，同样是一种有效的激励手段，它强调工作具有挑战性和富有意义，消除重复操作的乏味感。其主要做法是把更高的挑战性、重要性和成就感体现在职务之中，如给予教师在决定工作方法、工作顺序和工作速度方面更多的自由；鼓励下级参与管理和教职工之间的交往；使教职工对自己的工作有个人责任感；使下级能看到自己的贡献，反馈给他们工作的完成情况；让教职工参加分析和改变工作的物质环境等。究竟采取何种激励手段应采取随机制宜的方法，应考虑多种变量或因素来建立随机制宜的激励系统。

国内外的很多管理专家认为，人们的工作除了获得报酬的需要外，还需要从工作中获得成就感和安全感。上级采用的激励手法主要有：以劝说、奖励为主，不要发号施令；不要事事都作指示，让下级自己做决定；适当授权；为下级设立明确的奋斗目标，而不要事事指教；关心下级，倾听下级意见；信守诺言，并采取行动；分配给下级的工作要有连贯，不要经常中途变卦；注意事前检视，防患于未然；设立简单的规范让下级遵守，下级即便有错也要心平气和地批评；要计划未来，以激励下级努力；要有信任感，避免轻率下判断；适当地奖励下级；让下级和睦相处，但不能拉帮结伙。值得提出的是，领导者在进行奖励与惩罚时一定要公正，绝不能搞平均奖、轮流奖、倒挂奖、人情奖、固定奖、花样奖、红包奖等，以防止出现懒惰心理、退缩心理、多占心理、赌气心理、对立心理、懈怠心理、投机心理、离心心理等消极因素。

四、信息沟通机制设置

信息沟通是组织中构成人员之间的观念和消息的传达与了解的过程。它是为完成组织使命及达成任务的一种必要手段，可以促进共同了解，增强集体力量。信息沟通的目的是加强人员之间的团结，发挥整体的合作力量；改进业务处理的方法，提高组织的工作效率；了解彼此之间的需要；减少不必要的浪费，避免发生意外事件；有效达成组织的使命。信息沟通对发挥地方高校内部各职能部门的作用至关紧要，拟定并传达地方高校的目标；制订实现目标的计划；以最有效能和效率的方式组织人力和其他资源；选拔、培养和审评人员；领导、指导和激励职工，并创造一种使他们愿意做出贡献的环境；控制工作进程。信息沟通除了语言、文字、地位及物理上的障碍和困难外，还有缺少沟通计划，未加澄清的假设，语意曲解，信息表达不佳，信息传递的损失和遗忘，听而不闻和判断草率，猜疑、威胁和恐惧，缺乏适时性等问题。

信息沟通的主要种类有正式沟通和非正式沟通两大类。正式沟通是配合正式组织而产生的，依据信息流通的方向分为上行、下行和平行三方面沟通形式。上行沟通，主要指由下而上的信息沟通，下级人员以报告或建议等方式，对上级反映其意见。这种沟通方式有利于参与管理，教职工乐意接受上级的命令，可满足教职工的自重感，办事会更有责任心，同时也有利于上级作出正确决定；从下级反映的情况中可以了解下级的工作是否按上级意愿执行；有利于鼓励下级发表有价值的意见；能接受下级直接批评，并满足下级的基本需要；符合民主精神。下行沟通，主要指由上而下的沟通方式，由管理阶层传到执行阶层的信息沟通。这种沟通方式有利于帮助组织达成执行目标；使各阶层员工对其工作能够满意与改进；增强员工的合作意识；使员工了解、赞同并支持组织所处的地位；有助于组织的决策和控制；可以减少曲解或误传的消息；减少员工所有工作本身的疑虑及恐惧等。平行沟通，主要指平行阶层之间的沟通，也即是指信息在组织级别相同或相似的人员之间的横向流动，如高层管理人员之间、中层管理人员之间、基层管理人员之间的沟通等。平行沟通有利于弥补上、下行沟通的不足；给员工了解其他高校情况的机会；培养员工间的友谊等。非正式沟通指非组织的沟通，它一方面满足了员工的需求，另一方面也弥补了正式沟通系统的不足。非正式沟通，是由人员间的社会交往行为而产生的；非正式沟通主要来自工作专长及爱好闲谈的习惯，无规则可循；非正式沟通产生于无意之间，没有地点、时间、内容的限定。它之所以起到正式沟通所起不到的作用，是因为它传递快，有很高的选择性与针对性，能迅速反馈，能及时作出评价等。非正式的个人信息沟通有单线式传递、流言式传递、偶然式传递、集束式传递等方式；按信息沟通的方式分，还有书面形式的沟通、口头形式的沟通和电子形式的沟通等。组织机构作为信息沟通的手段，社会系统作为信息沟通的网络。

信息沟通的要素主要包括以下几个：第一，是发送者，即负责做有意识、有目的的信息发送者，如发言人、建议人及发令人等；第二，是沟通的程序，即意见传递应有一定的媒介与路线；第三，是沟通的程式，如命令、规则、通知、报告、公函、手册、备忘录等；第四，是沟通的接收者，指接收消息、命令、报告及任何沟通程式的人；第五，是所期待的反应与结果。在实行下行沟通时，上级必须了解下级人员的工作情形、欲望及个人问题；领导者必须有主动的沟通态度；组织中必须有完整的沟通计划；领导者必须获得员工的信任等。在实行上行沟通时，上级必须以平等地位对待下级；经常与员工举行工作座谈会；建立建议制度、公平而合理的制度等。在实行平行沟通时，其关键在于：管理是否能适当地授权；沟通方法是电话、会报、会签、业务了解与共同信念等。从理论上来讲，沟通是协调的一种方法与手段，其目的是使各高校间职员能以分工合作的、协同一致整齐的步伐达成共同的使命，沟通在谋求思想认识上的一致，而协调在谋求行动上的一致。要做好信息沟通和协调工作，各高校应采取有效的措施；建立会签制度；制定工作流程图网，促进自动联系；设置参谋人员，负责协调联系；运用会议方式，促进意见交流；简化公文报表；利用报刊报道高校情况；利用计算机处理及时获得正确信息；设置意见箱；个别访问谈话，了解教职工的需求；利用训练方法提高联系水平等。

地方高校是一个由人、财、物等多因素组成的经济综合体，由多个子系统组成。无论是各个子系统的内部管理，还是它们之间的联系，都需要通过信息进行沟通，以达到物质和能量的合理流通。例如，行政组织系统需要进行组织与组织、人与人之间的信息沟通；思想工作系统，更离不开思想信息的收集、处理与反馈，以激励教职工的奋发精神。

第四节　资产管理与处置控制

一、物资采购控制

（一）物资采购一般流程

物资采购的基本流程如下：①由资产管理部门或用料部门填制请购单。②由资产管理部门填制订购单或其他契约。③由检验部门验收并编制验收报告。④储存部门对照验收报告收料入库，如有差异应报告会计部门。⑤会计部门比较购货订单、验收报告及供货商发票，如果发票经核准付款则编制凭证。⑥凭证移送出纳处付款。

（二）物资采购中采用报表的控制

为了更好地反映、分析和控制采购业务，一般要编制如下管理报表：①市场分析报表：反映现在及预测未来材料或商品供需状况。②购进材料明细报表：分别列明向各供货商所购材料的种类、数量及金额，并注明违约次数等。③采购作业分析表：用以分析采购作业的好坏、衡量采购工作的绩效，主要列明采购部门订购材料数量、实际验收数、退回及折让的百分率、如期交货百分率、自接到请购单至办妥订购手续平均耗用时间、自请购至材料到用料部门平均耗用时间等数据。④采购费用分析表：详细反映每种材料运费、装卸费及采购成本等，以便与上期实际成本及计划成本比较。⑤价格变动分析表：分析市场价格变动情况，以适应市场变动需要。

二、应付账款控制

有效的应付账款内部控制，在付款前必须经过采购、验收、会计等部门的核准。所有采购交易均需有顺序编号的订购单为证，订购单副本送交应付账款部门以便与供货商发票及验收单相核对。

验收部门与采购部门应各自独立；验收部门收到货品应编制验收单，验收单应顺序编号并复写数份，以便收到货品后及时通知会计部门、采购部门及发料部门等。

会计部门收到各种文件凭证，应加盖收件日期章。该部门所开的凭单及其他文件，均可利用顺序编号方法控制。复核发票的每一个步骤，均应在凭单上注明日期并签章，以示负责；确认自己完成的工作，确保例行程序一贯实施的有效方法，核对订购单上所列单价、折扣及运送条件与卖方发票，或核对发票上的数量与订购单、验收单，均可防止不当的付款。

将核对发票的职能与支付账款的职能分开，是防止舞弊的另一种方法。发票核准付款前，应有书面证据，证明交易事项均经复核完毕。应付账款明细账按月与总分类账户轧平，并与来自供货商的对账单核对，任何差异均应详细查明。采购控制问题，还有采购费用预算控制、常用材料采购控制、零星小量材料采购控制、有互惠关系采购控制、分批交货采购控制及退回包装物处理等具体问题。

三、物资存量控制

管理者一般十分注重现金和有价证券的管理与控制，而忽视财物存货的管理。有人认为内部控制的主要目的是防止和揭发欺诈舞弊，而财产物资不易被窃，因此没有必要实行严格的控制，这就完全忽视了内部控制事实上具有比防止舞弊更为重要的功能。事实上，物资存量控制为一般地方高校中最复杂而又最需要的一种控制，存量的计划及其实施，涉及高校各个部门的业务，如采购、财务及会计等；存货种类多、范围广，渗透地方高校整个资产管理过程，如需对购进的教学设备及物料等进行控制，直接影响到教学管理与服务的好坏、教辅成本的高低以及资金的周转等。为了适应瞬息万变的经济环境，如何适时采购，如何获得低廉价格，如何适应生产需要，如何计算经济采购量以降低储存成本，如何避免积压以加速资金周转，如何做到安全保管，这些都是十分重要的管理与控制工作，良好的内部控制是提供正确的存货数据、销售成本数据及报告准确数据的工具。若无健全的存货控制，会导致存货成本、产成品成本及销售成本失真，从而导致财务报表中所反映的财务状况及经营成果虚假，影响高校各管理机构发挥应有的作用。加强物资存量控制，有利于解决供需矛盾，以尽可能少的存量满足生产和经营的需要，减少物资积压，节约流动资金，并能稳定教学与管理秩序。物资存量控制具体来说有以下几个方面的作用：

第一，保持最小存量。以最小存量保证生产或销售需要，有利于节省库存投资额，减少资金积压，节约库存费用。

第二，安全与科学保管。物资存放处应能防盗、防火、防水、防潮、防虫咬、防霉烂及锈蚀等；存货应分类、整齐排列。

第三，适时适量供应。存货应能保证生产或销售所需，做到适时、适量、适地供应，以免因拖延、缺货等影响生产或销售。

第四，维持有效操作。存货收发及装卸所用的各种器械，应经常检修，维持良好地运转和操作，以利于提高收发、装卸、排列、堆放等工作效率。

第五，预防发生呆废料。要防止呆废料，一是要妥善保管，二是要严格控制采购、调度和利用，对已发生的呆废料要迅速处理，如加工、利用、交换、出售等，以免长久呆滞，造成损失。

第六，维持完备的存货记录。要建立控制存货数量的记录；及时提供存货状况给教务、科研和后勤等部门，以助于合理调度与有效使用；提供有关计算最经济采购量或生产量资料，制定最高或最低标准存量；提供各种存货周转率、长时间呆滞存货项目，存货废失率等统计分析资料；提供运输及保管费用分析资料物资存量控制，最根本的任务是要设计能够决定各阶段的需要量、发放量及其预测方法、各阶段的标准库存量和安全库存、需要和供给、发放和补充的方式，以及能够明确地检查预测量和实际之差异的库存管理系统。必须使购进、保管、发放作业合理化，使库存物资调动记录合理化，并且需要完备有关库存的资料。

要做好库存控制，必须考虑下列影响因素：①销售因素。即应考虑订货量的大小及其波动与订货的频率；考虑销售预测的可能性与预测值和实际之差（预测误差波动的精确度）；考虑适应需求服务的条件，如要求立即交货或容许拖延时间很短，即要加大库存，反之可减少库存；考虑销售途径，即考虑是直接销售还是间接销售，前者要求存量大，后者要求存量小。②生产因素。即应考虑生产类型与生产方式，即要考虑是大量生产还是单件或批量生产；考虑生产过程中各道工序中的库存；考虑产品特殊化的程度，即各种产品在各工序阶段的在产品都要以符合通用化、组合化的形式保持适当的存量；考虑生产的灵活性，库存应适合灵活、机动生产的需要；考虑生产能力与仓储能力；考虑优质保管等。③时间因素。即应考虑从订货准备、购进、审核、检查、验收等筹备时间的需要。④运输因素。即应研究运输场所、距离、方法和当时库存量的全部成本最大限度地降低等问题。⑤费用因素。即应全面、综合地研究和调整库存费用，以争取最小的库存耗费。

四、采购控制计划

物资存量控制的宗旨，既在于防止损失和滥用，作为采购与销售计划的依据，又在于保证生产与销售的需要，防止存量过剩与不足。存量控制是存货管理的中心问题，必须建立一定的政策、计划及标准，以便于管理控制者遵照执行。存量政策是存量控制的基本思想与指导原则，目的是确定存量业务处理的基本界限。如要求接受订货后的最迟交货时间，物资是集中库存还是分散库存，各种物资最高或最低库存限量，如何配合市场价格变动而增、减存量，如何规定使用率或随预测调整储存量，如何规定存量费用，如何规定盘存与核对等。在时间方面，库存控制政策尽量以不延误需用的时间为原则。

制订存量计划，首先要了解和预测采购及其成本、仓储及其保管成本、期间或年度的需求量、各物资项目最高或最低存量等，并据此推算最经济的存量。其次存量计划应视各项物料个别情形、库存类型及管理特性制订。物料库存量可分为常备型、常备分期交付型、备用品型及根据要求购入型四种。常备型，以常备品为库存对象，需求稳定，经常发放，必须有充足的库存量；常备分期交付型，以长期合同的原材料为库存对象，必不可缺，并经常少量发放，必须有一定的存量；备用品型，以配换零部件为库存对象，何时需要不定，但应有少量存货，发出后应立即补充；根据要求购入型，一般不需库存，必要时只购入需要量。要制订切实可行的存量计划，必须研究库存品究竟属于哪类，哪一类该存，哪一类不该存，该存的应存多少等。制订存货计划，还必须掌握管理性，即输入特性（供给、购入、缴纳等特性）、服务特性（保管、存货场所等特性）和输出特性（需求、发放等特性）。

制订存货计划，应计算库存品的标准库存月数。标准库存月数的计算：①要根据资金情况，站在地方高校整体的立场上进行计算；②要根据库存品的市场特性、生产特性、购入特性、保管特性、发放特性，以最经济的经营为目标进行计算。标准库存月数以下列项目的合计来计算：第一，弥补预测误差的库存——预测期间的预测误差的标准偏差乘以安全系数；第二，生产品计划的库存依计划变动的时间而定，一般为半个月左右；第三，生产周期的库存一般来说，一个月周期的库存为 6 天，两个月周期的库存为半个月，三个月周期的库存为一个月；第四，运输期间的库存；第五，各储存地点的流动库存。此外，计划应根据存货政策拟订，并配合市价行情及销售、生产需要，采购、财务等有关部门也应根据计划而配合作业，以保证计划的执行。

存量控制涉及高校很多部门，也涉及很多经营过程，有关部门办理哪些方面的工作应有明确的分工，特别是采购、验收、付款、记录必须分别由不同的部门或不同的职工处理。无论什么样的高校，其物资存量控制账务工作，应由会计部门负责，但仓储部门应有明细的数量记录，并要定期或不定期盘点，使账面存量与实际存量相符。定期盘点一般在年度终了或营业周期结束时进行，应由各有关部门共同派人办理；不定期盘点一般由存货经营人自行负责，一般在库存量最少时进行，或分类轮流进行。物料通过验收后，进库前还应先行点数，检视后签收，即仓储部门应对验收部门的工作复核后，才能正式履行自己的保管职责。物资存量控制主要包括编号控制、记录控制、发货控制、货物成本控制和盘存控制。

（一）编号控制

对货物的分类编号是控制的第一步。如果每一种存货，都有一个确定的编号，存货分类就可以实现系统化、永久性与确定性，就有利于进行材料收发、管理、书写、记录、编表等工作。

编号的方法很多，如有流水编号法、分段编号法、类级编号法、小数编号法、数字示意编号法等，唯有类级编号法最适合对材料编号。该种编号法利用不同的数字及不同的位次，代表不同类、级，如第一位数字代表大类（一级）、第二位数字代表中类（二级）、第三位数字代表小类（三级）等。假如采用十位数字编号，第一位数字为材料管理类别代号，如 "0" 表示集中管理材料，"1" 表示非集中管理材料等；第二位数字为材料性质分类代号，如 "1" 表示电器材料，"2" 表示机械器材等；第三位数字为材料性质分类明细项目代号；第四位至第八位数字为各类材料编号；第九位数字为核对码，供电子计算机自动验证材料编号是否正确；第十位数字为材料使用价值类别代号，如 "0" 表示新料，"1" 表示旧料，"2" 表示废料。

存货编号应以便于确定存货种类、规格、节省工作时间、利于机器处理为原则。一种存货只能有一种编号，一种编号只能代表一种存货，防止重复混乱；编号中每一位数字都有不同意义，使人一见编号，即可知道是什么存货；编号位数越少越好，可以节省书写工作；每个高校均应编制一份存货分类编号表，便于查对。

（二）记录控制

货物记录是存货控制的重心，有了正确的记录，才能提供有利于控制的情报资料。货物记录的主要内容有：过去每月、每年需用量，实际库存量，已经订购数，何日可以到达及数量，自请购至到货的所需时间及此期间内耗用数量，最高标准存量及最低标准存量，经济采购量及批次，货物成本及总金额等。上述记录，有些是现成的，有些需要查询；有些可根据过去统计资料获得，有些却要根据各种因素事先设定。无论什么样的数据，都要完备准确，才能进行有效控制。

（三）发货控制

高校货物领用时，应由教务等部门签发领料单，用料部门持单到仓库领货，通过被授权人审签后，仓库人员填制出库单并照单发料，及时送会计部门登账或作为成本计算或费用分摊的依据。

对发出的各种物料应建立必要的控制，控制其数量和状况变动。对物品的控制应包括定期盘存检验程序，防止废品、次品的增加。在发货业务中，所有物品都要经过审批后才能办理装运手续。例如，由销售部门签发销售发票或销货通知单，仓库据此发货并签发出库单；运输部门应填制多联式装运单，分送仓库、会计等部门。领料单必须根据用料单填制，一式三份，第一份领料部门留存，第二份作为仓库的收据，第三份由会计部门作为分摊成本依据。用料单位如有剩余物料，应填退库单，将余料退回仓库。退料手续及记录方法与收料时相同。

（四）货物成本控制

为了正确计算货物采购、使用和销售的价值，应实行必要的成本控制，它是内部控制的一个重要部分。货物成本从理论上来讲，包括购进价格及运达买方仓库的一切费用，如运费、装卸费等，但由于有些零星费用归属问题不好确定，只能计入间接费用。货物使用或销售的价格计算一般按沿用的方法计算，如简单平均法、加权平均法、先进先出法或计划价格法等，但不得随意变动，应保持前后一贯。

（五）盘存控制

加强货物或销货成本内部控制的另一项重要措施是采用永续盘存制。货物的账面记录与实际库存数量往往不符，其主要原因有收料时点收差错，验收单数量与实际入库未核对而发生不符，发料数量错误，物料账中的收入、发出、结存数量记错，被盗或因受损失未经处理认定，库存中消耗等。通过盘点和核对存货记录，可以使账实相符，最后确定库存数量与价值，为正确进行存货采购、使用和销货的成本分配提供必要数据。永续盘存制还有利于控制货物的增减变动，增进货物记录的正确性和可靠性，及时揭露或防止对各种存货项目的盗窃、浪费或损毁等行为。追查实物与记录是否相符的方法是实地盘点货物，盘点方法有全部盘点、轮流盘点及经常查点等方式。全部盘点一般在年终时进行，多为定期盘点；轮流盘点既可以是定期盘点，也可以是不定期盘点；经常查点则为不定期随时的盘点。任何高校理应将盘点办法列入管理制度，明确规定盘点目的、盘点工作组织及职责、盘点时间表、盘点方法、盘盈盘亏处理以及盘点所用标签、表单、报告等格式。

（六）存量控制报表

为了更好地反映和分析存货管理工作，存货控制还应编制下述报表。①收、发、存状况表。借以反映各种货物的收入、发出及结存数量，供决定再行采购和互相调拨之用。该表每月、每半年或每年定期编制。②废坏料损失报表。借以反映废坏料名称、数量、金额及损耗率，供考核存货管理完善状况。借以调查其适宜性与使用有效性。该表每周、每旬或每月编制一次，编制时间越短，其控制作用越大。此外还应编制废坏料处理报表。③盘盈盘亏报表。借以反映盘盈或盘亏物料的名称、数量、金额及原因等，供考核存货管理水平及记录可靠性之用。该表一般在每次盘点后编制。④用料变更损失表。借以反映无效能的用料损失，供考核用料部门用料计划性与有效性使用。⑤周转率分析表。通过周转率分析，借以反映各种材料使用情形，以促进管理控制，对周转率很低的物料，应提醒注意及时处理。

（七）存量控制基本方法

货物控制除按上述内容控制外，为了实现安全而又经济的控制目的，还必须实行记录与保管分开控制的方法，预防盗窃、损失、呆滞料控制方法，适当保险控制方法，更重要的是各种存量控制方法。

1. 维持适当最低存量

物料存量太多，会造成资金积压，增加财务负担；而存量太少，又容易造成停工待料，影响生产与销售。要达到维持最小存量又要保证生产需要的目标，必须规定每种存货最高、最低标准库存量，并要经常维持最低存量。在规定存量标准时，必须明了每种存货的实际耗用情况，如每年耗用量、每月平均耗用量及逐月实际耗用量；必须了解采购作业状况，如向何处采购、供货有无季节性变化、采购所费时间等；考虑政治、经济等其他影响因素。由于每个高校存货品种繁多，要制定出每种物料最高、最低标准存量，不仅工作量大，事实上也无必要，因此应对大宗物料、重要物料或价高的物料规定最高、最低标准存量。

2. 计算经济采购量

经济采购量是指以物料总成本最低时的数量作为订购的数量。物料成本一般包括采购费用及保管费用两大类。采购费用包括处理费用、检查费、市场调查、广告费或办理采购的一切费用等，采购费用一般与采购数量成反比；保管费用是指仓租、保养维护、保管人工资、水电等费用，保管费一般与保管数量成正比。高校每年所需用物料的采购量虽然要受到季节、价格变动等因素影响，但在正常情况下，可根据采购成本、存货保管成本等资料予以计算。

3. ABC 分类法

任何一组研究对象，其所构成的项目价值是不均等的，往往只有少数项目占有较高价值或占有重要地位。存量控制上即为 ABC 分类法。一般存货可分为三类：A 类，高价值项目，虽然项目甚少，但其价值可能占存货总额的 80% 左右；B 类，中价值项目，存货项目较多，但其价值可能占存货总额的 10%～15%；C 类，低价值项目，存货项目可能占存货总项目的大部分，但其价值仅占存货总额的 5%～10%。

根据上述分类，对各类存货控制应采取不同措施：A 类存货应优先控制，并实行最严密的控制，不仅要有完整正确的记录，而且要经常检查，尽量减少其存量；B 类存货，只有在特定情况下才进行优先控制，平时只需要视同存货控制，即要设立良好记录，并做定期性检查；C 类存货，在可能范围内做到最简单的控制，实行定期盘点，适当提高存量，以防止短缺。

存量控制除了上述的一些基本方法外，还可以采用其他的一些技术方法，但无论采用何种方法，进行存量控制时，都应该对重要的存货进行控制、简化实地盘点方法、加强寄存存货及可退回包装物的处理、各种控制应有利于机器处理资料、尽量逐步实现无存货管理制度等。

五、采购与资产控制重点

（一）请购招标控制重点

①请购单必须详细注明参考厂商、规格形式及需用日期等内容，如申请物品需采用特别运送及保存方式者，应添加注意事项。②请购单必须先经仓管人员进行库存审核，核准时应遵照核准权限办理。③紧急采购不应经常发生，事后应补开请购单，追究原因是否为不可抗力，有无改善计划。④应定期检讨请购单有无延迟采购情形，请购数量应符合经济采购量要求。

（二）采购招标控制重点

①采购人员应注意收集询价资料，须翔实完备，保持最新时效，也应随时更新供应商资料，保持正确记录。②请购单必须经主管核准后，方可办理采购。③办理比价、议价、招标等作业应符合内部规定，外购进度也依预定采购程序控制追踪。④大量采购的物资，以合同采购为原则，并应保持两家同时供货，以免受到供货品质的限制，影响教学管理。⑤重要采购合同签订前，须由法律专家核查。⑥为提高物资品质，降低进货成本，便于管理，应建立可完全配合的协力厂商。⑦遇到市场各项物资的供应将大幅变化时，须通知有关部门，以便事先联系；报告呈报后，立即采取应变措施。

（三）验收资产自制重点

①验收物料应依照检验规范的规定办理。②发票的物料名称、规格、数量、金额与送货单或验收单必须相符。③物料验收必须会同验收部门与采购部门办理。④如已分批收料，仓储人员应在"订购单"上注明分批收料日期、数量，将影本送采购人员。⑤不合格的物料应通知采购部门退回或扣款。

（四）不符资产控制重点

①各项违约案件应依"供应商管理办法"及合同规定适当处理。②物料因检验不合格退回更换的，交货日期应以调换补送物料到达日期为准。③所交物料的品质、规格与合同不符但可使用的，如因急需免予验收使用，应经有关主管事前认可，按规定扣款或减价处

理。④如因检验不合格退回更换或因故申请延期交货，必须事前报请高校有关领导同意，并确定逾期罚款或其他处理办法。⑤如因非人力所能抗拒的灾害而申请逾期免罚的，必须事后立即检具认可证件。⑥因事实无法依采购合同所定裁决的，其违约案件处理方式必经有权人员批准。

（五）付款作业控制重点

①出纳付款时，应严格核对支付凭证上的金额数目，领款人身份证与印鉴必须相符；如有疑问，应于查询后方能支付。②支付款项，除有特殊理由得以现金支付外，其余一律开立抬头画线支票；如受款人坚持免填画线或抬头，应立即联络采购或经办人员，经其同意并保证无误后，准予免填，必要时，呈报校长核准。③出纳人员支付各项货款及费用，支票及现款均应当面交与受款人或供应商，高校人员不得代领；如因特殊原因必须代领者，应经主管核准。④支付手续应待支付单据审核完并经会计人员编制传票后完成。⑤请购按交货延期罚款及品质不良罚扣的列计，须经过详细核对，确认合理。⑥已法定或约定支付期限而尚未支付的，应追查原因，并签报催办情况。⑦支票送盖印鉴时，应在支出传票或应付凭单上，注明银行户头、支票号码及日期。⑧已付款原始凭证应盖"付讫"章，支付传票背后应有领款人签章，以免重复付款或冒领事情发生。⑨领款日期与列账日期相隔时间比较久的，应查明原因。

（六）仓储资产控制重点

①仓储管理必须配合各期的销售及生产计划，使材料与物料的储存经常保持至最低必要限度（安全存量），同时能随时供应生产。②各种原物料、半成品、制成品均应编号，分类编号的原则为：简单、弹性、完整、单一。③确定到货日期与验货日期。若是大量采购，原物料应分批陆续交货，以免过分集中，同时控制原物料的交货期限，以免临时紧急处理。④检核原物料的名称、规格、数量及品质，应与原订单相符；如果原物料数量较多，采用抽检方式作为合格或拒收的标准，允收标准须合理。⑤物品入库时，均应办妥入库手续，出库时亦同。⑥物品的储存应依类别分设料架，并分格编号，以利存取。⑦库房安全设施必须完善，同时应办理保险。⑧易燃、有毒性的危险材料，应与其他材料隔离储存。⑨领料时必须有领料单，同时经有权主管盖章后，仓库方能发料，并在领料单上加盖"发讫"戳记，同时记入账册。⑩领料单应连续编号，空白及作废单据亦应保存。领料单上如有更改，应经主管签章。⑪领料量异常时，应追查原因。退料入库时，应办理退料手

续，点收后应分别存储并入账。

（七）投保资产控制重点

①投保金额与投保项目力求适当。②保单到期应办妥续保手续。③各种保险权利义务力求明确。④投保费用有无异常。⑤各项应保险的物品均应投保。

（八）差异分析控制重点

①差异如系人为因素造成，应追查相关人员并惩戒或奖赏。②材料品质不良造成高校损失的，在许可范围内必须索赔。③国外购置应利用避险方法使成本固定，或将汇率变动损失降至最低。

第五节　绩效评估控制

一、建立激励机制

（一）进行高校教师绩效评价应遵循的程序

1. 绩效评价指标体系与评价方法的确定

在借鉴企业人力资源绩效评价方法的基础上，通过大量的文献研究，结合专家咨询，建立适合高校教师的绩效评价指标体系与评价方法。

2. 绩效评价活动的实施

通过标准化的高校教师评价量表，由高校人事部门对高校教师进行统一评价。

3. 绩效评价结果的分析与反馈

在对高校教师绩效进行评价后，要及时对评价结果进行分析与反馈。通过对绩效评价结果的分析，由高校人事部门结合各学科实际进行评价的反馈工作，有针对性地制定教师奖惩策略。

（二）制定高校教师绩效评价应遵循的原则

为保证高校教师绩效评价的客观性与准确性，在制定高校教师绩效评价体系时，应遵循以下的设计原则。

1. 相关性原则

相关性原则是指绩效评价指标的构建要与高校教师工作绩效相关，高校绩效评价的目的就是引导、帮助高校教师达到其工作目标乃至自身价值的实现。因此，在构建评估指标体系时，应从高校教师自身发展及自我价值实现出发，充分考虑评价指标与教师自身发展的相关性，从而使绩效评价工作的实施能有效地提高高校教师的工作积极性。

2. 定量指标与定性指标相结合原则

定性的（主观性的）指标和定量的（客观的数字、业绩等）指标，都是评价教师工作绩效的重要依据。在绩效评价中，仅仅以定性指标或定量指标来评估是不完整的，有很多绩效指标只能是定性的，无法直接以数量的形式表述，或者说只能通过其他方式如专家评估打分的形式间接转化为数量型参数。定量指标能客观、清晰地表述绩效；而定性指标则是对绩效表述的一种补充，是从另一个侧面来评价绩效。在绩效评价过程中，将定量指标和定性指标相结合，共同服务于绩效评价。

3. 实用性原则

评价指标的设计应该具有实用性。评价指标体系要繁简适中，计算方法要简单易行，同时评价指标所需的数据应易于收集。各种评价所需的数据应尽可能从现有的统计资料信息和审计工作开展过程中获取，或者能够通过专家检查获得，设计各项评价指标的内涵和外延要限定，以便高校人事部门能够进行实际的评价工作。

4. 可比性与全面性原则

要确保指标体系中的每个评价指标都能被用来对高校教师的绩效进行测量和评价，包括能对高校教师之间的工作绩效进行纵向与横向的比较。与此同时，又要确保评价指标体系能全面、综合地反映各种因素对高校教师工作绩效的影响。

（三）高校教师绩效评价的特点和作用

高校教师作为一个特殊的组织群体，在价值观、工作任务、行为方式、工作产出的表现形式等各方面都有着自身特点，这也决定了这一特殊群体的绩效表现存在其特殊性。因此，改革高校教师的绩效评估制度，首先就要考察其绩效的特殊性，以便进行有针对性的绩效评估体系的设计。

1. 绩效目标的双重性

从价值取向上来看，高校教师的个人追求具有双重性。对于大部分高校教师来说，选择教师这个职业，主要在于喜欢这个职业，在这个职业上能够实现自己的人生价值。实现人生价值这种精神上的追求才是其真正的目的。但是，作为社会的一分子，他们也有对金钱、地位的追求。这种价值取向上的双重性决定了其绩效目标上的双重性。一方面，他们需要按照学校的规定，完成各项工作任务，以获得金钱、职务的晋升等利益；另一方面，他们更希望通过工作任务的完成，不断提升自己的能力，完善自己的修养，实现自己的人生价值。

2. 绩效投入与产出的多样性

高校担负着人才培养、科学研究和社会服务的职能。相应地，高校教师的工作任务也是多样性的，包括教学、科研、提供社会服务等。价值偏好的差别，决定了高校教师在工作任务重心选择上的差别，从而导致其工作行为的多样性。例如，有些高校教师喜欢教学，因为他们认为高校最重要最基础的任务应该是为社会培养合格的人才，因而教育好学生才是真正的价值所在；而有些高校教师则更喜欢做学术研究，因为他们能学习和发现各自领域最前沿的知识和技术，推动这一领域研究的发展；还有些教师认为科学研究、管理知识必须及时转化为生产力，为社会提供服务，他们更喜欢联合企事业单位，直接服务社会。高校教师这种工作任务的多样性、工作行为的多样性，决定了其绩效产出也具有多样性，不仅包括教学效果、科研成果、社会服务效果等多种产出形式，而且各产出形式所占的比重也是多种多样的。

3. 绩效产出的难以衡量性

高校教师的绩效产出，应该表现为教学的效果、培养学生综合素质的成果、科研成果的质量与数量、社会服务的效果等。同时，高校教师的绩效还应该表现为个人的政治思想、工作态度、专业素质等。因此可以看出，无论是哪一项绩效产出，都难以简单地通过量化的指标来衡量。例如，如果对教师教学的效果进行量化，可以用学生的考试成绩如优秀率、合格率等来考察，但是，教师在教学过程中，对学生潜移默化的指导等提高学生综合素质的教育教学效果，就很难通过量化的指标来衡量。再如，对于高校教师的科研成果，可以用完成科研项目的数量、出版著作或教材的数量、发表论文的数量等指标来衡量。但是，科研成果更重要的是质量而不是数量，而对于科研成果质量的评价，需要专家以丰富的知识和在本行业的权威，来对其作出评价。因此，建立高校教师现代化绩效评估制度十分重要。

第一，正确认识绩效评估的目的和主体。现代人力资源管理理论认为，绩效评估不仅可以为员工薪酬的分配、职务的升降等提供依据；其真正目的是通过评估让员工了解自身的优势与不足，使他们在以后的工作中发挥优势，弥补不足，不断提高个人绩效，从而推动组织绩效的提高；同时，绩效评估还可以为其他人力资源环节如人力资源规划、招聘以及员工的培训和开发等提供信息。被评估的主体是高校教师，高校教师属于知识型员工，其最主要的特点是具有较强的创新性、个性和自主性，在对待激励的态度上，重视物质激励的同时，高度重视精神激励和成就激励。可以肯定地说，高校教师对精神的需求在一定程度上超过了对物质的需求。高校应该充分认识高校教师绩效评估的目的和被评估主体的特点，并将其贯穿于绩效评估体系中。根据主体的实际情况，进行制度设计，通过广泛的宣传、讲解，使学校各部门及广大教职工正确认识绩效评估的目的和意义，从而支持和配合绩效评估工作。

第二，科学制定绩效评估指标体系。绩效评估指标体系是绩效评估中最为核心的部分。由于高校教师的绩效产出具有多样性和难以衡量的特点，因此，绩效评估体系也应具备多样性、完整性，在设计中不但要尽量涵盖高校教师绩效产出的内容，还要通过定性指标和定量指标相结合的方法，利用两者的优点，尽量地设计出合适的指标，以实现对高校教师绩效的科学衡量。绩效评估指标体系的制定应建立在工作分析的基础上，通过对高校教师工作的科学、具体分析，了解具体职位的具体职责，从而归纳和提炼出绩效评估应该涵盖的内容以及各项内容的关键业绩指标。高校教师绩效评估指标体系不仅应确定绩效评估的内容，还需要明确各部分内容在整个体系中所占的比重。长期以来，我国高校教师绩效评估中，对科研成果过于偏重导致了很多问题。关于教学效果和科研成果在评估体系中的比重，应该视高校的具体情况而定。

第三，选择合适的评估方法。评估方法正确与否，直接关系到整个评价体系的科学性和评估结果是否全面、客观、准确。在评估维度上，目前大多数研究者认为360°绩效评估法是一种比较合适的方法。360°绩效评估法又被称为全方位绩效评估法，指评估者选择被评估者的上级、同事、下级、被评估者自己、客户和专家等作为评估人，从各自的角度对被评估者进行评估，从而获得对被评估者全方位、多维度的评价。这种绩效评估方法的评估主体是多方面的，如高校教师的绩效评估有主管领导、同事、学生、本人、专家以及其他社会相关机构等作为评估人。主管领导对于本部门所有教师的情况掌握得比较全面，从而便于在同类教师中进行比较，得出一个宏观的、整体的评估结论；同事与被评估教师平时交流多，联系密切，相互了解比较多，因此可以作出比较细致的评估；学生相当于教师教学工作的"客户"，在教学活动中与教师直接接触，对于教师的思想素质、工作态度和教学水平等有着直观的感受，其提供的信息能够比较客观地反映教师的教育教学情况；被评估者本人对自己的政治思想、工作态度、专业素质和工作成绩等进行实事求是的评价，能够使被评估者对自己有一个更加清楚的认识，更加明确自己的优势和劣势，有利于被评估者今后进一步发挥优势，弥补劣势；专家由于在学术上的成就和权威，以及在本行业丰富的实践经验，可以对被评估者的专业素质和学术水平作出比较客观、准确的评估；对于被评估者社会服务的工作成绩，需要社会相关机构作出相关评价。这种绩效评估方法从具体方式上来说也是多样化的，针对不同的指标内容和评估主体采取不同方式，如网评、填写绩效评估表、座谈讨论、演讲陈述、投票、调查了解、与被评估者个别交流等。比如调查了解、与被评估者个别交流就有利于领导评估，网评投票就有利于学生评估，座谈讨论就有利于同事和专家评价，演讲陈述就有利于被评估者自己评估。同一个指标内容或评估主体也可以采用适合的、不同的方式进行评估。

二、高校薪工控制

（一）薪工控制的内容

薪工控制的内容主要包括对人事资料、人力资源规划、招聘、训练、考核、升迁、薪资表编制、薪资发放等作业的控制。

1. 人事职能控制

第一，任何高校的劳动人事部门均要根据高校的实际情况提出员工规划、工资预算、分配计划及培训办法等。

如根据高校现有员工状况及未来发展需要，提出员工规划；根据员工规划、劳动法及其他相关的法律法规、高校工资制度，提出工资总额预算；根据高校员工分布情况及工资总额预算、工资分配制度，提出工薪分配计划和考核奖惩办法；根据员工素质状况，结合具体工作和未来发展规划，提出员工培训计划（包括岗前培训、常规教育、业务技能培训、专职脱产培训等）。上述计划编出后，应由高校最高管理者批准并授权劳动人事部门去执行。高校最高管理者还应授权劳动人事部门指定专人负责工资单的编制工作，指定专人负责人事档案的记录和保管工作，负责员工考核结果的兑现工作。

劳动人事部门录用新员工时应符合国家有关法律法规的规定及高校发展的需要。劳动人事部门应根据经批准的员工规划，采用适用的招聘方法进行招聘，并拟定录用人员名单，报请高校管理者审批经批准录用的员工，应由劳动人事部门代表高校与其签订劳动合同。劳动合同应包括的内容有：合同期限、工作岗位、工作条件和劳动保护、工资和福利待遇、奖励和处罚、合同终止和解除的条件、违反合同的责任以及劳动争议的解决办法等。对试用期满后的员工，劳动人事部门应根据测评意见及平时考察情况提出是否正式录用的意见，并报请高校管理者审批。员工录用后，对其岗位和职务的安排，应遵循"人尽其才、人尽其责"的原则。人员录用后，应由劳动人事部门核定工资标准，记入人事档案。有关新进人员的姓名、工资标准、扣除项目及始发期，应立即通知薪资部门，并抄送新进人员所属部门主管。

员工工资有所变动时，人事部门应将新的资料记入员工档案，并于生效日前通知薪资部门。员工停职，人事部门应将解职通知送交薪资部门。薪资部门的各项工作及编制工资表所列的姓名与工资标准等，均应根据高校所签发的正式文件办理。

第二，员工培训应充分考虑员工素质状况和高校发展规划的要求。

新录用的员工，由劳动人事部门根据培训计划实施岗前培训。培训内容应包括高校概况与要求、职业道德、规章制度等。员工的常规教育，应结合高校的具体经营情况和新法规、新规章的要求进行安排。业务技能培训，可根据新材料、新工具、新技术应用需要安排，也可根据转变和提高业务技能的需要安排。对需要进行脱产培训的员工，应经高校管理者批准后，有计划地妥善安排，但必须考虑实际工作的需要，做好接替工作，不能影响正常的工作秩序。高校应该制定鼓励员工主动学习新技术、新知识的措施，以利于全体员工素质与技能的提高。

第三，劳动人事部门应严格贯彻执行对员工的考核办法，并进行实事求是的考核，将考核结果作为奖惩、培养、辞退、晋升和调整工作岗位的依据。

高校各部门应根据考核办法，对所属员工按月、按季或按年进行考核，根据考核结果提出奖惩意见并交劳动人事部门。考核结果也应反馈给员工，以利于职工改进不足，发扬长处。劳动人事部门汇总各部门考核情况及要求奖惩的情况，在做适当调查的基础上提出奖惩意见，报请高校管理者审批；劳动人事部门根据批准情况办理奖励事务，对奖金奖励的，由专职人员填制奖金单，交财务部门发放；对升级、升职的，按照具体规定办理并记录人事档案。劳动人事部门在接到要求惩处的申请后，应认真对照高校奖惩办法中的规定，视其是否相符；并要进行认真调查、听取本人意见、征求工会意见，核定事实后，提出惩处意见，报请高校管理者批准。劳动人事部门根据批准的意见办理惩处事务，对扣除工资、奖金的，由专职人员填制工资扣款单，交由财务部门扣款，其他处分按有关人事制度规定办理。

第四，劳动人事部门应根据高校有关人事制度办理辞退和离职等人事变动手续。

当出现合同中规定的辞退情况时，由员工所在部门填制员工辞退审批表交劳动人事部门，或直接由劳动人事部门填制员工辞退审批表。劳动人事部门应调查核实有关情况，对照合同中有关条款签署辞退意见，报高校管理者审批。批准后，由劳动人事部门通知员工及其所在部门，按规定办理交接手续及相关事宜，并记录人事档案。对因考核或工作需要的岗位变动，劳动人事部门应填制岗位变动审批表，报管理当局批准后，通知员工办理交接手续，并记录人事档案。员工辞职，一般应由员工向所在部门提出书面申请，劳动人事部门接到转交来的申请后，报管理当局审批，批准后由劳动人事部门通知员工办理移交手续，并记录人事档案。

2. 工资计算控制

任何高校均应建立工资计算制度，选择适合本高校的工资标准和计算方法。工资一般应包括基本工资、奖金及工资性津贴。工资计算制度主要包括以下各项内容：①工资计算应以考勤结果为依据。因此，各高校应建立健全考勤制度，考勤制度应明确规定各类假期的期限与工资待遇。日常考勤工作应由教师所在部门执行，劳动人事部门应加强检查和监督。②员工请假，应填制请假单，由其所在部门主管签字后送劳动人事部门，在审批权限内劳动人事部门直接审批，对超出权限的报高校管理者审批，请假获准后，由劳动人事部门通知员工并由考勤人员进行登记。③加班记录及劳动定额完成记录应由员工所在部门主管签字核准后，送交劳动人事部门认可。④工资结算部门根据日常考勤记录、劳动（工作）定额完成记录、请假记录及考核结果的相关记录，按照高校工资计算规定及时编制工资单和计算奖金及各项社会保障金扣款额，经复核无误后交财务部门。财务部门根据员工工资所得，计算代扣个人所得税额、其他代扣款和实发工资，进行相关财务处理。

值得提出的是，工资结算部门除了负有计算工资和编制薪工记录之责外，不能兼做其他与工资计算有关的工作，如记录考勤、计时、工资发放等。工资结算部门应编制的表单，一般有薪工支票、每位员工所得与扣缴表、薪资日记账、员工分户账（载明每位员工的所得、被扣缴税款及其他扣除项目等）、薪资分摊表及报给税务机关的有关缴款书等。

（二）薪工控制的措施

薪工控制措施有以下内容：①人事管理职能集权化，由专门部门和人员负责。②人力资源计划的制订与其他的组织活动相协调。③制订人事和工资的预算。④人员的招聘要根据不同部门的实际需要。⑤对重要的职位进行工作业绩的分析、考核与评价。⑥为员工提供适当的培训和发展机会，并将培训和发展的活动记录于单独的人事管理文件。⑦为员工提供适当的福利待遇。⑧由管理层对员工的业绩进行定期的考核与评价，并将考核结果记录于员工个人的人事档案。⑨员工的提升、职务调整和解聘必须经过审批，并记录于员工个人和部门的人事档案。⑩人事档案应妥善保管，以防损坏、遗失和非法接触。⑪组织向养老基金、政府有关代理机构和保险公司所尽义务的情况，应向管理层、外部审计人员和法律顾问进行审查，以保证组织更好地遵循有关的规定，履行有关的义务，并及时调整组织的有关政策。⑫管理层和法律顾问定期对劳动合同进行审查，以保证组织政策得到有效的遵循和灵活调整。⑬制定适当的政策和程序，及时了解员工的意见和要求，并采取有效的措施予以解决。⑭员工工资状况的变动（包括由于雇用新员工引起的工资变化），经审批后，向工资结算部门报告。⑮劳动人事部门和工薪结算部门定期将工资文件和相应的人事文件进行核对。⑯员工的工资以劳工合同或组织政策的形式予以确定，并应经过一定层次的管理人员的审批。⑰工资的扣除项目和扣除标准，由员工个人在有关的声明上签章，以示同意。经过签章的声明应附在员工个人的人事档案上。⑱工资单最好由电算化的工资系统来编制，否则，应由独立的人员来负责。此外，由专人负责将工资单与工资文件进行核对、审核工资单的完整性；该人员同时负责审核从劳动人事部门获取的工资输入文件。⑲若工资以现金支付，应由独立的代理机构负责现金的发放。发放现金工资，可把工资装入专门的工资袋。此时，把现金装入工资袋的职员，不能负责工资单的编制。此外，现金应由两名职员分别点计，两人的点计金额核实一致后，才能装入工资袋。⑳员工领取工资袋或工资支票后，应在收据上签章。

（三）薪工控制的重点

1. 人力资源规划控制的重点

①人力资源计划须每年、每季更新。②人力资源规划是全面性的，须考量升迁、教育、训练、薪资、激励、福利等项目。③达到所需可用人力资源的"前置时间"，在做人力资源规划时应予顾及。④人力资源如有"冗员"，会造成员工劳逸不均与挫折感，应极力避免。⑤员工职业规划的制定，应考虑个别员工的能力、个性等差异，且具有前瞻性，必要时可采纳员工的意见，以使其对高校产生认同感。

2. 招聘作业控制的重点

①招聘和选拔的基本目的是增加选择适当人员的成功概率，因此招聘、选拔方式的选择，要视其个别情况及应用此种方式的可信度及有效度而定。②员工均需经审核或测试合格后，方可依规定聘用。③人员选拔，除注意学历及经历外，应测验其学识、专业技能，

并重视操守品德及身体健康。此外，亦可函询应征者过去服务高校主管的评语意见，作为取舍参考。④新进人员招聘和选拔作业程序应依高校规定办理，应征应缴的文件表格须齐备，各阶层人员的任用应依规定的核准权限办理。⑤选拔时，避免主观印象及给予规定外的承诺，双方均应坦诚相向。⑥选择的招聘方式，务求客观公正，为高校遴选最优秀的人才，制定的招聘条件，须保持适当弹性，当市场人力供应不足时，不妨稍微放宽，人力剩余时，条件不妨稍严。

3. 任用作业控制的重点

①经营财、物人员必须有必要的担保手续。②按规定办妥一切手续，并建立员工个人基本资料。③工资标准依照规定办理。

第六章 高校财务风险控制与会计人员管理创新

第一节 以内部审计制度强化高校财务风险控制

一、高校财务风险概述

（一）高校财务风险的定义

财务风险是企业财务管理中的基本概念，而对高校财务风险的定义，目前国内主要有狭义和广义两种。

狭义的高校财务风险通常被称为举债筹资风险，是指高校由于举债而给高校财务状况带来的不确定性。在高校财务风险问题受到广泛关注后，很长时间里，许多学者和高校管理人员都将高校财务风险等同于负债风险，认为高校财务风险与高校负债数额和高校偿债能力密切相关。狭义的高校财务风险定义产生在特定的历史背景下，也切实反映了在扩招、评估压力下，国内众多普通高校的财务风险来源，但是该定义的局限性也是不言而喻的。负债风险是当前高校的显著风险，但却不能代表高校财务风险的全部，高校在运营过程中的其他问题同样会导致财务风险。如果仅将高校财务风险简单地理解为负债风险，那势必不利于加强对高校财务风险的全面控制和管理。

广义的高校财务风险是指高校在运营过程中，由于委托代理关系、财务治理等内外部环境因素作用所形成的财务状况的不确定性，从而使高校遭受损失，造成其不能充分承担其社会职能、提供公共产品乃至危及其生存的可能性，是风险的货币化表现。相对于狭义的高校财务风险，广义的高校财务风险从更宽泛的视角界定了高校财务风险的成因，拓宽了对高校财务风险的认识，有利于加强对高校财务风险的全面控制和管理。也有观点认为，在定义高校财务风险时，应将高校财务风险界定为可能给高校带来损失或收益的不确定性。

（二）高校财务风险的组成

作为非营利机构，高校与企业不同，高校的财务风险从总体上看，主要表现在以下三个方面：

1. 筹资风险

如今，高校资金筹集日益多样化，既有财政拨款、学费收入，也有国内外资助及金融机构贷款等其他形式。在高校的全部流入资金中，财政拨款是政府预算支出项目，来源最为稳定可靠，其风险一般可以忽略不计。而国内外资助资金，由于其在全部资金中所占比重较小，因此，对该部分资金的财务风险也可简化处理。学费收入风险是指因学生拖欠学费而使高校遭受经济损失的可能性，此风险主要通过加强学生的收费管理而避免。

综上所述，高校筹资风险主要体现在高校取得的金融机构贷款风险上。高校的金融机构贷款风险，是指高校向银行等金融机构取得贷款后，由于贷款结构不合理、贷款使用不当或贷款管理不善，而使高校遭受经济损失的可能性。高校贷款风险的成因主要有：国家政策变动、利率波动、高校资金管理不善、资本结构不合理、长短期债务失衡、高校支付能力不足等。目前，向银行等金融机构贷款是高校解决资金短缺的主要途径，但是随着高校贷款规模的持续扩大，长期贷款比重的逐步增加，高校的融资成本也不断上升，巨额贷款使高校面临严峻的财务风险。

2. 投资风险

在市场经济条件下，高校与企业一样受到市场经济规律的影响。但是高校不同于企业，企业投资的目的是追求更高的回报和盈利，而高校属于非营利性组织，其投资主要是为了满足社会日益增长的教学科研需求，其投资风险主要体现在基建项目投资风险和校办产业连带风险上。高校基建项目投资的投向合理性，直接影响着高校的办学水平与质量。高校若对自身定位认识不清，对所投资基建项目缺乏科学论证，则会导致盲目投资或重复建设，倘若项目完成后，不能取得预期的经济效益和社会效益，将会给高校带来巨大的还贷压力。

校办产业连带风险，是指高校校办产业经营而使高校产生连带经济责任的可能性。高校的校办产业多是为了实现高校科技成果转化而成立的，虽然现在大多校办产业已经进行了公司制改造，但高校仍然与校办产业有千丝万缕的联系，一旦校办产业由于经营不善导致经济损失，高校很可能要承担连带责任。

3. 教育教学风险

目前，随着高校招生规模不断扩大，虽然不断增加教育教学成本，但各高校仍无法保证软、硬件与学生数的同比增长。学校教学基础设施不足，生均校园面积、生均图书拥有量、生均教学仪器设备台件数下降情况在许多高校出现。师资力量不足，教师满负荷工作，知识得不到更新、提高，导致教育教学质量下降，科研能力减弱，培养出的学生名不副实，毕业生就业困难，最终使得高校信誉受损，办学效益低下，进而引发财务风险。

假如为了规避财务风险，高校进一步压缩日常教学经费、科研经费和师资培训经费及教师待遇经费等，只能加剧师资流失和教育教学质量下降，形成"教育教学风险—财务风险—教育教学风险—财务风险"的怪圈。

二、强化高校内审意识，突出内审权威

高校主要领导对内审的重视程度直接决定了内审的独立性和权威性；广大干部群众对内审的理解与支持程度，直接决定了内审的生存环境和生存空间；专职审计人员的综合素质和内审规范体系，直接决定了内审制约促进作用的全面发挥。因此，强化高校内审意识，突出内审权威是充分发挥内审保驾护航作用的核心，是有效治理当前领导干部职务犯罪心理的利剑。

首先，高校高层管理者一定要树立内审意识，重视内审结果，营造健康的内审环境，突出内审机构和内审人员的地位，提升内审在干部任免中的核心作用，把干部经济责任审计结果和绩效审计评价结果作为提拔、聘任或解聘中层干部的主要依据；全面树立领导干部勤政廉洁，敢于接受审计，自愿接受审计，主动要求审计的廉政思想，彻底解决高校中层干部"怕审计，恨审计"的狭隘认识。

其次，高校应单独成立内审机构，并改由高校行政一把手直接领导，内审机构也直接对高校行政一把手负责并报告工作，成立由高校校级领导和校内专家组成的内审委员会，统一领导，全面组织，统筹安排全校每年的预算审计、内控审计、绩效审计和经责审计等。既要坚决查处领导干部违纪违法问题，又要切实解决发生在群众身边的不正之风和腐败现象，这样才能切中要害，真正树立高校内审的独立性和权威性。

最后，高校内审部门应当把现行的有关内审规章制度、标准、要求、流程与注意事项等统一归纳整理，印制成册，印发成文，或长公示于校园网络上，或置放于中层领导干部伸手可及的醒目位置，要分发到校内各级领导干部手中，并在全校范围内开展大规模的内

审规章制度、办法措施、审计标准、要求、流程和审计案例等的宣传，定期举办内审知识讲座、竞赛、辩论、征文等活动，建立内审信息交流公共平台（如微信群、QQ群等），及时发布各种审计规定、标准和要求，评述审计查处案例与处罚结果，安排专人实时提供审计咨询等，着力解决全校干部职工思想上不重视、认识上不全面、行动上不配合的问题，促使大家从思想认识上、行动上自觉遵从并执行内审规定，改变"要审我"，实现"我要审"，真正达到"人人知内审，个个守规矩，干部要考评，内审来作答"的理想境界。

三、健全内审制度，统一审计标准

高校应当根据《审计法》《教育系统内审工作规定》等法律法规，针对当前实际，结合未来发展趋势，健全内审体制，搞活内审机制，全面修订、补充、完善本校内审的规定、标准、要求、流程，制定并严格实施校内预算审计办法、专项资金绩效审计办法、审计整改检查办法及审计评价结果运用规定等，明确内审机构和内审人员的职责权利和被审计部门及被审计中层干部的义务，把每一条规定、标准、要求写明列细，形成一个有机的内审法规体系，才能做到"审计有法规，工作有要求，评价有标准，结果有应用"。规定到位，措施对点，"找准穴位，对症下药"，加强审计计划管理、质量管理、风险管理等，最终实现内审规范化、制度化、程序化、标准化、精细化"五化"管理。

四、增加内审人员，提升综合素质

高校当前现有内审人员数量严重不足，综合素质不高，难以全面有效发挥内审的监督、评价、促进和制约作用。高校在突出内审权威性，改变全体干部职工"怕审计，恨审计"陈旧落后观念的同时，重点要从内审人员着手。打铁还需自身硬，审计要靠人完成，"人"在内审中是不可缺少的关键要素。因此，在安排岗位和人员时应当向内审部门倾斜，优先增加审计人员数量，提高审计人员待遇（包括职务、职称待遇和薪酬福利待遇），并加强审计人员综合素质培养，注重审计职业道德教育，大力提升审计人员综合审计能力，全力打造一支政治过硬、道德高尚、业务全面的高素质审计队伍，真正实现内审人员"要审、会审、能审、敢审"。

（一）严格把好人员关，健全德才兼备、任人唯贤的选人用人机制

选拔和安排内审人员时，"德"居首先，"能"居其次，一定要把那些政治立场坚定，

道德情操高尚，审计理论扎实，会计实务经验丰富，政策法规熟，责任意识强，动手能力棒，敢于讲原则，勇于做实事的综合素质较高的审计人员选拔、安排到审计部门承担专职审计工作。并针对审计人员个人的才能和特点，将其安排到较为适合其能力发挥的岗位，委以重任，给予科级以上实职待遇，充分做到"任人唯贤，人尽其才，才尽其用"，彻底改变当前内审人员"只求过得去，不求过得硬""不出问题不审计，领导不问不审计，即便审计也无心"的消极怠工、窝工现象，充分发挥审计人员的积极性、主动性、维法护法性。

（二）加强审计人员法律法规及职业道德教育

强化业务培训和指导，全面提升内审人员综合素质。社会发展日新月异，审计情况千变万化，审计人员要保持良好的职业道德和熟练高超的业务技能，必须定期进行法律法规知识、职业道德观念和审计理论与方法体系、审计策略、审计手段、审计技术、计算机编程设计等的培训，强化业务规范指导，把规范、培训、考核、使用等诸环节紧密结合起来，把现代化的信息技术审计手段应用到审计工作中，确保审计人员的法规意识、道德修养、业务能力和综合素质持续得到加强和提高，大力培养审计人员精益求精的态度和"敢审、会审、能审"的精神，提高审计人员依法审计、文明审计和敏锐的洞察力、判断力、组织协调能力等，注重实践锻炼，彻底解决审计人员业务知识贫乏或专业知识老化，技术手段落后、业务能力低下等的不良现象。

（三）高校应当采取措施坚决维护审计人员的合法权益

保证审计人员的待遇，保护审计人员的安全，避免被打击报复，并建立健全检查、考核、评价、奖罚制度，重视评价结果运用，将其与岗位待遇、聘任行政职务或专业职务、提职、晋级、精神与物质奖励等结合起来，通过奖优惩劣，促使审计人员增强责任感，注重工作业绩，注重遵纪守法，廉洁奉公，无论遇到何种情况，不丧失原则，不图谋私利。

五、更新审计理念，采用先进手段

在当前全球经济一体化、知识经济全球化、科学技术产业化、信息手段科学化的情况下，审计领域的理念、技术、手段、方法等发生了翻天覆地的变化。面对新形势新任务，首先，高校内审必须除旧革新，更新审计理念，转变审计观点，创新审计手段，不应只局限于"出了问题才来审，领导要求才来审"，要充分发挥内审的积极性、主动性和创造性，

"找准穴位，对症下药，早下药，下猛药，求实效"，一定要找准当前高校预算管理、内控管理、工程管理及绩效管理方面存在的问题及弊端提早实施审计，开展事先、事中审计监督，及时提出建设性的意见和措施，堵塞漏洞，杜绝舞弊；其次，必须更新审计设备，配备性能优良的计算机及其他辅助设备，建立健全内审信息化网络公共平台，及时传达国家政策法规、审计法规、处罚规定、案例警示等，便捷、准确、高效、快捷传递内审正能量；最后，必须改进审计手段，充分运用现代先进科学技术和网络优势，针对高校教学管理、资产管理、财务管理、工程管理、学生学费管理、科研管理等，全面运用计算机信息技术的实情设计一套高效适用的内审软件体系（包括审计现场作业软件、审计法规软件、审计管理软件、经责审计软件、工程审计软件、内控审计软件等）并与财务系统、管理系统、校园网络平台衔接，建立和完善内审对象数据库，积极探索跨专业数据整合、多数据综合分析的计算机审计方法体系，不断提高审计效能和信息化水平，着力培养审计人员熟练掌握和运用计算机技术的能力，实行无纸化审计。努力做到远程审计、联网审计，全面推行内审信息化工作，提升内审综合水平，着力解决高校领导重视、职工关切的热点、难点问题。

六、深化预算审计，提高预算效果

预算（省级部门预算或校内综合财务预算）既是高校对人、财、物进行优化配置、控制、使用和管理的关键，又是高校领导层和管理层执行有效经济活动责、权、利明确划分的制度保障和资金保障，涉及高校所有的教学科研活动和每一个业务环节，对高校健康可持续发展起到至关重要的作用，是高校合理安排资金提高资金使用效益的支柱。因此，必须深化高校预算审计，把审计监评贯穿于预算全过程，全面发挥内审对预算编制、执行、调整及其结果的监督检查考核评价作用，保证预算执行的效果，促进预算目标的实现。

首先，高校内审部门应安排专业能力强、综合素质高的专职审计人员参与学校预算编制过程，掌握预算编制法规、口径和内容，从预算目标是否明确，预算编制是否全面，内容是否完整，预算定额是否适当，支出结构是否优化，支出项目是否细化，资金安排是否合理等方面实时对预算编制情况进行监督检查，重点对预算安排的必要性、真实性、合理性、规范性、可操作性、目标性、绩效性进行全面的审查评价，特别关注资金需求大，实施时间长的项目预算安排，促进学校建立健全以预算编制为基础、绩效评价为手段、结果应用为导向，覆盖全校所有资金和业务活动的预算审计体系，全面提高预算编制审计水平。

其次，高校内审部门必须强化对预算执行的监督检查。要保证年初预算得到不偏不斜地执行，高校内审部门应设置专门的预算执行监督检查岗位，加大预算执行监督检查力度，从紧从严监督预算执行，重点关注预算执行缓慢、随意进行预算调整、追加等情况，坚决查处实际支出超编、超标、超额度、违纪违规和无预算及变相开支行为，促进并密切关注各责任部门加快预算执行进度，及时找出预算执行过程中的偏差、漏洞及存在的其他问题，认真分析查找原因，堵塞违规用款行为，严肃预算纪律，对当年预算执行进度缓慢情况、预算执行只顾花钱不想做事的情况，以及违纪违规情况予以坚决查处，定期通报和公示预算执行情况，并限期整改，避免权责不清、推诿扯皮、效率低下等问题，确保按预算和项目实施进度及时用款，保障预算安排的权威性、严肃性。

最后，高校内审应强化预算执行结果审计，在问责上下功夫，从绩效中找捷径。预算结果审计与考评奖惩是预算管理的生命线，通过科学合理的审计与考评奖惩，才能确保预算管理落到实处，从而提高学校预算的刚性，使预算真正成为约束高校教学科研活动的坚不可摧、牢不可破的既定法则，着力促使高校完善"预算编制有审计、预算执行有审计、预算完成有审计、审计结果有反馈、反馈结果有应用"，综合的、全过程的在责、权、利相结合基础上的"内容具体，指标明确，奖惩到位"的高校预算审计考评奖惩体系，制定预算审计考核奖惩办法，实施严格的预算审计奖惩，通过"源头参与，过程监管，结果审计，有奖有罚"等具体措施来保障高校预算的权威性和效益性。对预算支出执行进度快，均衡性好，效益好的部门给予表彰和奖励，对预算执行进度缓慢，年终结余较大，年底"突击花钱"等预算执行不力的部门给予通报批评，并限期整改，同时相应缩减下一年度预算安排，以此充分调动各部门的积极性，使预算安抚、预算执行与预算结果得到高度的协调和统一，保证高校预算责、权、利真正落到实处。

七、健全经济责任审计制度

开展并强化领导干部任期经济责任审计制度，是从源头上预防和治理腐败，推进依法治校、促进党风廉政建设、强化干部管理和监督，促进领导干部廉洁自律、认真履行工作职责的重要举措。高校对内部审计应当做到"思想上重视，工作中支持，经费上保障，行动上协调，结果上应用"，坚持"两手抓，两手都要硬"的战略方针，坚持"全面推进、突出重点、健全制度、规范管理、提高质量、深化发展"的工作思路，进一步解放思想、探索创新，以建立健全经济责任审计工作管理体制和运行机制为目标，以深化审计内容、完善审计评价和强化审计结果运用为重点，以审计规范化建设和干部队伍建设为保障，认真履行审计监督职责，坚定不移地贯彻党中央反腐倡廉的方针政策和各项工作部署，提高经济责任审计工作质量和水平，有效发挥经济责任审计在加强干部管理监督、建立健全惩治和预防腐败体系、促进经济社会科学发展、推动完善高校治理等方面的积极作用，真正实现"源头防腐，过程监腐，结果惩腐"，给高校廉洁勤政一个洁净的天空。

首先，高校党委和校级领导应当充分认识到加强领导干部任期经济责任审计的重要性和必要性，应当把它列入重要议事日程，积极探索，大胆实践，狠抓落实，充分发挥审计监督在加强干部考核和管理工作中的重要作用；要切实加强领导，大力支持内审部门开展高校处级干部任期经济责任审计，及时帮助解决工作中遇到的困难和问题；高校纪检监察、组织、人事、财务和审计部门在工作中应当加强协调配合，建立健全经济责任审计工作联席会议制度，定期交流和通报情况，重视和利用审计结果，及时研究解决工作中遇到的重大问题，共同抓好这项工作。

其次，高校应当进一步完善校内处级领导干部任期经济责任审计法规体系，制定一套具体有效的经济责任审计评价指标体系和标准，建立健全内审经责审计机构、议事规则和工作规则，明确职责分工，进一步充实经责审计工作力量，保证开展经济责任审计工作所必需的经费，加强协作配合和工作衔接，做到审计事项共商、审计信息共享、审计结果共用，在全校范围内形成上下连通、制度健全、管理规范、运转有序、工作高效的经济责任审计工作机制。

八、强化内控审计，规范业务流程

内部控制既是对高校的人、财、物进行有效控制、管理和使用的关键，又是高校执行有效经济活动责、权、利明确划分的制度保障。高校内审部门必须对本校内控制度设计的健全完整性、内控制度执行的严格遵守、内控制度执行效果的合理有效性进行审计，以便及时防止、发现、纠正其内控可能存在的缺陷、漏洞和违反内控或凌驾内控之上的不良行为。通过对内控的审计，全面评价本校设计的每一项内控是否确实符合实际，手续是否严密，是否环环相扣，实际执行是否有效，能不能起到事先控制的作用，能不能预防错误和舞弊的发生。

首先，高校有必要投入一定的人力、物力、财力，由权威部门设立一套完整的、公认的高校内部控制审计评价办法和标准，并以红头文件的形式予以公布实施，赋予内审机构必需的审计评价权力，使高校内部控制审计评价有章可循、有规可依。

其次，高校内审部门必须准确把握内控审计评价的内容，抓好关键点的评价，如内控制度设计的完整科学性、内控措施的有效针对性、内控程序的简捷实效性、内控效果的真实可达性等；把握关键部位的审计，如不相容岗位分离、职责明确、审批流程、资金调度、预算执行、资产管用交接、会计核算流程、账务处理结果等；运用好审计方法，如面对面的口头问询、正式的书面审查、直接观察、抽样检查、穿行测试、问卷调查、集中座谈、分析程序等。在对内控进行审计时必须深入基层，踏踏实实地了解实际情况，实实在在地逐一审计评价，切忌只凭口头汇报做出判断，更要防止审计评价走过场、搞形式，走马观花，点到为止。

最后，必须重视审计评价结果的正确运用。内控审计工作完成以后应形成书面的"高校内部控制审计报告"，详细说明本次内控审计评价所涉及的范围、所用的方法、各环节的风险程度、存在的问题及缺陷、改进措施和建议、奖惩意见等。经由高校书记、校长审批同意后，及时督促相关部门和责任人认真整改，弥补缺陷，堵塞漏洞，突出实效，并对相关部门和责任人给予奖励或惩罚：对严格遵守和执行高校内部控制的部门和人员，给予通报表扬，加薪晋级，甚至升职；对于违反高校内部控制的部门和人员，给予严肃的通报批评，减薪降级，甚至撤职或辞退。只有这样，才能真正发挥内部控制在高校可持续健康发展中的核心作用。

九、开展绩效审计，实现追责问效

绩效审计是高校内审根据设定的资金绩效目标，运用科学、合理的绩效评价指标和审计方法，对资金支出的经济性、效率性和效益性进行客观、公正的审查与评价，是高校资金管理精细化、项目化、效益化的必然趋势，是提高资金使用效益，源头防止和治理腐败的核心环节。高校应当健全资金绩效审计体系，完善绩效审计规章制度，创新手段，强化监督。规定绩效审计的对象、范围、内容、程序、方法、依据、指标，强化绩效运行跟踪审计，以揭露管理不善、决策失误造成的严重损失浪费和资产流失为重点，找准问题，挖掘潜力，建言献策，着力从"任务完成情况、项目管理情况、资金运用情况、对象满意程度、综合效益情况" 5 个方面开展绩效审计与评价，全面重视绩效审计结果的应用，把资金绩效审计结果作为干部评聘和行政问责的重要内容，着力解决高校绩效审计"审什么？如何审？审了以后怎么办"？等一系列现实问题，着重剖析资金绩效管理存在的问题及深层次原因，并提出有针对性的管理建议，保证绩效审计"体系完善、法规健全、依据充分、内容全面、选项适当、程序规范、方法科学、监督有力、追责问效、效果明显"，全面突出内审在高校深化教育领域综合改革中保驾护航的"经济卫士"作用。

综上所述，经济越发展，审计越重要，只有强化内审意识，突出内审权威，健全内审体系，更新内审理念，采用科学方法，提升综合素质，抓住关键部位核心点，全面重视和发挥内审在高校可持续健康发展中的保驾护航作用，才能给高校健康发展带来一个安全洁净的祥和环境和发展空间，才能全面提高教育资金的使用效益和社会效益。

第二节　高校财务风险预警体系的构建

一、财务预警的基本方法

"预警"一词最早出现在军事领域，是指用来应对突然袭击的防范措施，是关于突然袭击的信息的预告。随着社会的发展和时代的变迁，预警已经进入现代经济、政治、技术、医疗等各个领域。财务预警是预警工作在经济范畴的应用，是一种根据实证数据建立的高效、精准的财务危机识别模型，它以提高判别准确率为目标，以建模技术为主要内容。

从传统的财务风险预测，到财务预警模型的构建，再到财务风险预警系统的形成，是一个循序渐进的过程。

（一）简单的非参数方法

1. 熵值法（EM）

最早是将财务报表不同时期的数据按资产和权益结构分解，运用熵值测度分析，发现财务困境具有明显的财务结构不稳定特征。20世纪70年代中期利用资产负债表信息分解方法预测企业财务困境，其结果逊于Z-Score模型和现金流负债比的单变量模型的预测结果。80年代末期利用会计报表信息分解研究了破产企业与高速成长企业的财务结构变化，发现两组企业之间无显著差别。由于熵代表了信息含量，因此可与其他方法结合使用。

2. 递归分割方法（RPA）

20世纪80年代中期运用RPA，以财务比率为判别点建立二叉分类树，以最低误判成本为标准对样本企业进行破产/非破产分类。在RPA模型中可以选用非财务指标和定性指标，但复杂的分类树结构可能引起样本数据的过度适应，样本外的误判风险高，因此分类树结构宜简不宜繁，适于灵活应用。21世纪初将EM和RPA结合开发了交互两分模型

（ID3），以决策树预测企业破产，其预测精度在 95% 以上。

此外，还有 K 临近法（KNN）、数据包络分析、聚类分析等，如果考虑破产时间因素，判别准则将转化为多阶段的条件概率决策问题，可用 Bayesian 决策法则诊断破产。一方面，与计量经济方法相比，非参数方法不受变量样本分布、条件概率、先验概率等假定约束，能与主观判断相结合，使用灵活，其中的许多思想已近似于人工智能方法。另一方面，由于方法太过灵活，使其很难成为标准化工具。

（二）人工智能方法

严格来讲，人工智能方法也属于非参数方法，这类方法在数据演算推理以及模式识别方面具有强大的功能，在财务预警的研究中发展很快，并取得了很多研究成果。

1. 神经网络方法（NNs）

NNs 于 20 世纪 90 年代初被引入财务预警研究，并取得了良好的预测/判别精度结果。NNs 方法中有 4 个重要环节影响着财务预警结果：学习算法、网络结构、合适的数据以及训练网络。

该方法可以按照困境程度实现多模式识别，理论上可以用于财务预警管理系统。与计量经济方法相反，NNs 方法更适合于识别非困境企业。在预测的稳健性方面，往往以超出传统统计方法的样本量和变量数据为基础，而预测精度在不考虑误判成本的情况下却没有实质上的改进，而且 NNs 不易构造也不易理解，综合来看，NNs 是否全面优于计量经济模型还很难评价。

2. 遗传算法（GA）

遗传算法是利用模仿自然界生物遗传进化规律在大量复杂概念空间内的随机搜索技术而设计的一种算法，它尤其适用于服从大量软、硬约束目标函数的多参数优化问题，而且已运用于证券选择、证券组合选择、预算分配以及信用评价等金融财务领域。运用遗传算法，以财务比率为基础提取 if-then 判别规则建立的预警模型，结构清楚而且容易理解，同时还能对定性变量进行规则提取。20 世纪 90 年代末期用遗传算法分别提取了线性函数和判别规则，研究结果表明，遗传算法可以获得不受统计约束的最优线性方程，提取的线性函数与 MDA 相比，省时并且受分析人员的主观影响小，但结果不如线性判别分析准确。

3. 粗集方法（RST）

粗集方法被证明是能够运用一组多价值属性的变量描述多个对象的有效工具，可以用来揭示相互关联的财务特征与企业失败风险之间的关系。RST 与其他方法相比具有以下特点：①能够发现隐藏在数据中的重要事实，并能用自然语言表达成一组决策规则，每个决策规则都有案例支持；②能结合使用定性变量和定量变量，无须统计约束和模糊隶属度评价；③节省决策形成的成本和时间，过程透明；④可以考虑决策者的知识背景，并可用于集成决策支持系统。由于粗集方法是一种更可操纵的决策工具，不同样本与决策者的知识均能产生不同的决策规则，因此研究结果并不具有通用性。

4. 基于案例推理方法（CBR）

CBR 是在复杂变化的环境中解决问题的一种决策方法，一般运用 K 临近算法对存储的案例进行分类，并以此为基础判别或预测新增案例的状况，可用于财务预警研究。

CBR 方法与 MDA 方法之间并没有实质上的区别，在数据不充分的条件下使用更有优势，而当将上述方法结合起来使用，比使用任何单个模型的预测能力都强。

将不同的人工智能方法结合起来建立财务预警模型，能够发挥不同模型各自的优势，从而提高预测精度。例如，将自组织图与 NNs 结合，遗传算法与粗集方法结合，数据挖掘与粗集方法结合，粗集方法与神经网络结合，模糊 NNs 与粗集方法相嫁接等。然而，这些软件计算方法以及它们的结合使用，孰优孰劣很难比较，因此将多种判别/预测方法结合成多目标决策支持系统，成为目前研究的一个发展方向。

二、高校财务风险预警指标体系的建立原则

财务风险预警系统是高校防范财务风险的保证，构建行之有效的财务风险预警系统，应该注意以下几个方面的问题。

（一）体现高校财务风险的特点

高校不同于企业，企业是营利性组织，其资金流转是为了增值；而高校是非营利性事业单位，其资金流转是为了维持和开展教学、科研活动。因此，高校财务风险也与企业财务风险不同，有其独特性，即筹资上有较强的政策性要求、开支上的非补偿性、产品上的非营利性、周转缺乏再生能力等。既然高校并不是在财务活动的每一环节都存在与企业等量的风险，因此，也就不能将反映企业财务风险的指标直接用来反映高校财务风险，而要选取能反映高校财务风险特点的评估指标。

（二）定量分析与定性分析相结合

理想的财务分析，应该是定量分析与定性分析的结合。完备的高校财务风险预警系

统，既要包括运用模型而进行的定量分析，还要包括基于分析人员经验，考虑非量化因素而进行的定性分析。定量分析以数据为基础，定性分析以逻辑为基础，定性与定量相互补充、相互配合才能达到理想的财务风险预警效果。

（三）具有动态性特点

高校财务预警指标的动态性，首先，体现在高校财务预警指标既要能评价过去，更要能预测未来，即能体现动态的分析过程；其次，还体现在财务预警指标必须随着情况的变化而发展，即随着高校财务风险的变化要对其不断进行修正和补充，从而保证预警指标的先进性。

（四）反映全局和系统的观念

高校财务预警指标体系的目的是预警，但不能仅是预警，而是围绕预警所开展的一系列活动。具体包括预警事前确定评价指标、制定指标的安全区间和风险区间、建立数学模型、资料信息的传递等；预警事中分析资料、发现问题、发出预警；预警事后分析风险原因、寻找风险根源、建立追踪系统纠正错误、跟踪预警等。高校财务预警系统要注重日常监控，随时发现各种可能导致预警的情况，重视从细微处发现问题，及时"对症下药"。

三、高校财务风险预警指标体系的指标构成

按照高校财务风险预警指标的设计原则，在我国现有的高校财务管理和会计核算体系基础上，参照较成熟的企业财务风险预警指标，设立的财务风险预警指标体系共计12项指标。

（一）流动比率

$$流动比率=流动资产/流动负债$$

一般情况下，流动比率越高，说明高校短期偿债能力越强，债权人的权益越有保证。按照企业财务管理的长期经验，一般认为1~2的比例比较适宜。它表明，高校财务状况稳定可靠，除了能满足日常生产经营的流动资金需要外，还有足够的财力偿付到期短期债务。如果比例过低，则表明高校可能难以如期偿还债务。但是，流动比率也不能过高，过高则表明高校流动资产占用较多，会影响资金的使用效率和高校的获利能力。

（二）资产负债率

$$资产负债率＝负债总额/资产总额$$

资产负债率越小，说明高校资产中债权人有要求权的部分越小，由所有者提供的部分就越大，资产对债权人的保障程度就越高；反之，资产负债率越高，债权的保障程度就越低，债权人面临的风险就越高。学校资产负债率的警戒线一般为60%。

（三）现实支付能力

$$现实支付能力＝年末货币资金/月均支出额$$

其中：

$$月均支出额＝全年支出总额/12$$

现实支付能力指标用来预测高校近期正常的支付能力。该指标值越大，说明高校偿还到期债务的能力越强；反之，高校偿还到期债务的能力越弱。所以，该指标值不能过低。

（四）潜在支付能力

$$潜在支付能力＝［年末货币资金+年末应收票据+年末借出款+年末债券投资-$$
$$应收（预付）款-年末应缴财政专户-年末应缴税金］/月均支出额$$

该指标表明，学校年末存款能满足学校支出的月份。该指标值越大，表明潜在的支付能力越强；反之则越弱。一般应满足3~4个月的支付能力。

（五）收入负债比率

$$收入负债比率＝年末负债总额/总收入$$

它反映在不考虑支出的情况下，高校收入刚性偿还债务的能力大小。该指标值越小，表明高校的偿债能力越强；反之，说明高校的偿债能力越弱。

（六）自筹收入能力

$$自筹收入能力＝自筹收入/总收入$$

其中：

$$自筹收入＝事业收入+经营收入+附属单位缴款+其他收入$$

该指标反映了高校自我筹集资金的能力，该指标值越大，说明高校自我发展能力越强；反之，高校自我发展能力越差。该指标值不应过低，否则影响高校的正常运转。

（七）经费自给比率

$$经费自给比率＝自筹收入／（事业支出＋经营支出）$$

经费自给比率指标说明高校利用自身资源能力的大小。该指标值越大，说明高校的管理绩效越好；反之，管理绩效越差。

（八）收入支出比率

$$收入支出比率＝总收入／总支出$$

若总收入小于总支出，比值小于1，说明学校该年度出现赤字和负债，或动用历年学校财务结余，或向银行贷款。该指标数额越小说明学校财务运转越困难。若该指标值长期小于1，说明学校面临较大的财务负债风险。

（九）净资产收入比率

$$净资产收入比率＝总收入／（期初净资产＋期末净资产）／2$$

该比率与收入成正比，与净资产投入成反比。该指标值越大，表明用一定的净资产投入得到的收入越多，即其收益能力越强；反之，说明其收益能力越弱。

（十）自有资金动用程度

$$自有资金动用程度＝（应收及借出款＋校办企业投资＋对外投资＋借出款）／$$
$$（事业基金＋专用基金－一般基金）$$

该指标值越小，表示高校实际自有资金动用越少；反之，该指标值越大，说明高校未来的发展越有可能受到制约。

（十一）净资产增长率

$$净资产增长率＝（期末净资产－期初净资产）／期初净资产$$

净资产增长率是衡量高校发展潜力的一个重要指标。该比率越大，表明高校的发展潜力越大，面临的财务风险越小；反之，高校面临的财务风险将会越大。

（十二）货币资金净额增长率

$$货币资金净额增长率＝（期末货币资金净额增长率－期初货币资金净额增长率）／$$

$$期初货币资金净额增长率$$

货币资金净额增长率指标能够反映高校流动资产中货币资金的运作风险状况，能够反映高校的发展潜力。该比率越大，表明高校的发展潜力越大，面临的财务风险越小；反之，高校面临的财务风险越大。

对于高校的微观财务管理而言，上述指标体系较全面地反映了高校可能存在的财务风险，计算简便；对于政府部门的宏观财务管理而言，上述指标数据均属于对外报表数据，容易获得，并且各高校间计量口径一致，方便比较。

第三节　高校会计人员管理创新

一、高校会计人员管理的基本内容

（一）会计人员职业素质管理

加强对会计人员的职业素质管理特别重要，这将影响整个财务管理的效果。制度设计和管理得当可以增加经济效益，制度设计和管理不当则会造成经济浪费和损失，其中财务管理的水平取决于会计人员职业素质的高低。会计人员素质高，则财务管理水平较高；会计人员素质低，则财务管理水平较低。会计人员的职业素质包括专业素质和职业道德素质。专业素质，即会计人员应具备的知识结构、专业技术水平、业务能力等；职业道德素质，即会计人员是否自觉遵循财务会计工作的道德标准。会计人员的职业素质管理要从会计人员的专业素质、职业道德素质等方面着手，选拔优秀的财务主管，带动财务部门整体素质的提高。

1. 会计人员的专业素质管理

会计人员的专业素质将影响高校财务管理的整体水平，为保证财务管理的质量，必须对会计人员提出更高的要求。专业素质管理主要是通过明确会计人员准入条件、培养在岗会计人员的素质等措施进行的。

（1）高校会计人员的准入条件

现代高校财务管理需要高素质的管理人才，在录用会计人员时，应该设置一定的准入条件，但由于道德素养是通过日常行为表现出来的，面试时很难以考试的方式发现，因此准入条件一般只针对专业素质。高校会计人员的录用，应具有学历、专业、工作经验、年龄等方面的准入条件。

①学历条件

例如，本科高校培养的是本科以上的人才，一般情况下高校管理人员应该具备本科以上学历，否则管理人员的层次与高校培养的人才层次不相适应。高校会计人员是管理岗位的专业技术人员，因此必须具备本科以上学历。

②专业条件

高校财务部门的主要功能为会计核算和财务管理，两者互相联系、互相渗透。核算过程包含管理内容，管理过程需要核算的数据，高校会计人员既要会核算，也要懂管理。会计人员的专业要求一般为：会计专业或经济类的其他专业，但必须具备计算机应用的基本知识；系统软件管理和维护人员可以是计算机专业的，但必须具有一定的会计专业基础知识。

③工作经验

高校的一般会计人员只需要符合学历条件和专业条件的应届毕业生，不一定要求有工作经验。会计机构负责人或财务主管应该具备财务工作经验，如果非专业人员，则对会计机构的管理也只能是行政上的领导，难以深入专业领域。在实际工作中，因干部轮岗的需要，部分高校会计机构负责人是从其他部门轮岗而来，不具备财务工作经验及会计从业资格。随着未来高校的发展和管理体制的改革，会计机构负责人专业化将是发展的趋势。

④年龄

高校会计人员录用年龄应该区别对待，如果录用年轻人，应选择高校毕业生；如果不是年轻人，则须具备技术职称和工作经验。社会上流行的说法是做技术的人，如医生、会计师等"越老越吃香"，即经验越来越丰富、技术越来越成熟，这是针对兢兢业业做专业的人来说的。但对于普通的会计人员来说，年龄就是个坎儿，随着年龄的增长，如果经验和技术没有跟着长进，他们的专业发展潜力就不复存在，录用也没有意义。

（2）新进人员岗前培训和业务指导

会计专业是应用型专业，新进的会计人员需要一段时间的实践和适应过程。对新进会计人员进行岗前培训和业务指导，使新进会计人员能以最快的速度胜任岗位工作，也是提高会计人员素质的有效办法。一般情况下，高校新进会计人员不是批量的，而是一次录用几个人，不适合采用培训班的形式。在管理实践中，对新进会计人员采取一对一的业务指导，即挑选业务素质好的优秀会计人员对新进人员进行"传、帮、带"，讲解工作内容和指导具体业务，一般指导 1~3 个月，新进人员基本上就可以独立工作了。如果由新进会计人员自己摸索，没有人给予业务指导，则适应岗位的时间最快为半年或者更长。但在激烈的竞争环境下，怎样让优秀的会计人员既能传授经验和技能给他人，而又不会有危机感呢？这确实是一个处理上的艺术问题。首先，要明确"传、帮、带"是一项组织分配的工作任务，不是个人意愿和个人行为；其次，要给传授者一个荣誉，那就是被传授者的老师；最后，也是最重要的，是要在内部形成一个道德底线，约束机制及和谐的工作环境，如果没有和谐的工作环境及会计人员道德底线约束，则难以实现"传、帮、带"。

（3）高校会计人员知识结构要求

对于从事高校财务管理的会计人员来说，具备会计专业知识只是基础。由于会计学是具体操作的微观领域的学科，再加上会计法律法规对会计工作做出的具体约束和规范，高校会计人员如果知识结构单一，则容易形成内敛的个性，给人谨小慎微、做不了大事的感觉。有的高校领导宁愿提拔一个非专业人员任会计机构负责人，也不愿用纯会计专业的人才，除了政治素质的因素外，人才知识结构与高校财务管理的要求存在偏差是主要的原因。因此，一个合格的高校会计人员其知识结构应该是全面的，除了具有会计专业知识外，必须具备计算机、管理学、经济学、统计学等其他相关学科的基本知识，成为综合型应用人才。

①计算机知识

随着电算化的普及和网络时代的发展，现代高校会计核算和财务管理是通过计算机软件和网络信息来进行的，如果没有计算机方面的知识，则无法从事高校会计工作。计算机知识是除了会计学知识以外，会计人员必须具备的基本知识。

②管理学知识

高校财务管理需要运用管理学方面的知识，因此，会计人员必须具备一定的管理学基础知识。

③经济学知识

会计学是微观领域的学科，为了弥补宏观知识的不足，会计人员需要了解经济学方面的知识，把握宏观经济发展，把微观与宏观知识结合起来，才能做好高校财务管理工作。

④统计学知识

财务管理涉及数据分析，会计人员需要了解统计分析方法，因此，必须具备统计学的基础知识。

（4）高校会计人员素质的培养

高校会计人员被淘汰下岗的情况很少，要让在岗人员主动提高自己的素质，归结起来要有激励的机制、良好的环境、提高的途径。

①激励的机制

第一，建立尊重专业人员技术职务的机制。目前，高校仍然是行政化管理体制，因此，要建立尊重专业人员技术职务的机制，如果对会计人员基本的技术等级身份都不予认可和尊重，其他一切便都无从谈起。一方面，高校要鼓励会计人员参加职称考试，通过考试培养学习习惯，提高业务水平；另一方面，高校要尊重会计专业技术职务，在提拔行政管理职务等方面，应该把会计专业技术职务作为重要的参考因素。在同一条件下，专业技术职务的高低标志着个人付出的努力不同，应有区别地进行对待，以激励会计人员积极进取。

第二，建立技术学术奖励机制。为了最大限度地发挥会计人员的技术水平，提高工作效率，高校应当建立绩效考评制度，开展技术评比活动，对工作表现出色、办事效率高的会计人员给予奖励；为了激励会计人员参与学术活动，在专业论文方面，要根据发表论文的质量等级给予一定的奖励；在课题研究方面，对获奖的课题组给予一定的配套奖励金。

②良好的环境

环境因素对会计人员整体素质的影响非常大，良好的环境有利于会计人员整体素质的提高。良好的工作环境需要营造：一是由管理者营造；二是由会计人员自己营造。

第一，管理者营造。高校各级管理者应为会计人员营造积极向上、健康进取、团结协作的良好工作环境，让会计人员全身心地投入工作和学习当中。

第二，会计人员自己营造。如果工作环境比较差，可以从少部分业务骨干开始，把风气引向好的方面，逐步扩大影响力，最终从量变到质变，改变恶劣的环境，形成健康向上的良好氛围。

③提高的途径

学历教育或进修学习、继续教育培训是提高财务人员素质的有效途径。

第一，学历教育或进修学习。高校会计人员具有其他行业会计人员无法比拟的优势条件，很多高校在本、专科或研究生阶段开设了会计或其他经济类专业，在职参加各类学历教育或进修比较方便。高校应鼓励会计人员在不影响日常工作的情况下，参加各类学历教育，或选送人员进修学习。

第二，继续教育培训。会计类的专业知识更新比较快，因此会计人员必须每年参加继续教育培训，给自己的知识进行一次"更新换代"。继续教育学习是"老会计"跟上新时代发展的有效途径。除此之外，会计人员还可以自学相关业务知识。

2. 会计人员职业道德素质管理

职业道德素质是会计人员素质的重要组成部分，出色的专业素质和良好的道德素养构成了高素质的会计人才。

（1）会计人员职业道德素质标准

《会计基础工作规范》规定："会计人员在会计工作中应当遵守职业道德，树立良好的职业品质、严谨的工作作风，严守工作纪律，努力提高工作效率和工作质量。"对会计人员的职业道德提出了6点具体要求：①敬业爱岗。会计人员应当热爱本职工作，努力钻研业务，使自己的知识和技能适应所从事的工作要求。②熟悉法规。会计人员应当熟悉财经法律、法规、规章和国家统一会计制度，并结合会计工作进行广泛宣传。③依法办事。会计人员应当按照会计法律、法规和国家统一会计制度规定的程序和要求进行会计工作，保证所提供的会计信息合法、真实、准确、及时、完整。④客观公正。会计人员办理会计事务应当实事求是、客观公正。⑤搞好服务。会计人员应当熟悉本单位的生产经营和业务管理情况，运用掌握的会计信息和会计方法，为改善单位内部管理、提高经济效益服务。⑥保守秘密。会计人员应当保守本单位的商业秘密。除法律规定和单位领导人同意外，不能私自向外界提供或者泄露单位的会计信息。

因此，会计人员职业道德素质的核心是"依法办事"，只要依法办事，就不会做假账。同时要会"搞好会计服务"，如果不会管理、不懂为提高经济效益服务，那也是一个不合格的会计。

（2）会计人员职业道德素质培养

一个人的道德修养是通过家庭教育和社会教育逐步形成的，但在同等的教育环境下存在着个体道德修养的差异。会计人员的职业道德素质是在其选择会计作为自己的职业后逐步形成的，加强会计人员职业道德教育是培养职业道德素质最直接、有效的途径。

3. 财务主管的选拔及专业化管理

财务主管对会计机构及会计人员的整体素质有很大影响，因此财务主管的选拔也是会计人员职业素质管理的重要组成部分。

（1）财务主管对会计队伍整体素质的影响

在高校财务管理实践中，财务主管对会计主流人群的影响主要有4种类型：正向引导型、不闻不问型、负面带动型、混合型。

①正向引导型

这种类型的财务主管一般属于高素质的人才，通过主管的榜样效应，会计人员也以成为高素质人才作为自己的努力目标。同时，通过主管的业务指导使会计队伍的整体素质得到提高，从而得以产生一批高素质的会计人员。正向引导型主管对会计队伍素质的提高具有积极的影响。

②不闻不问型

这种类型的财务主管一般属于性格内向或自己管自己、不喜欢管别人的人。在这种情况下，会计人员或自由放任或自我发展。不闻不问型主管对会计队伍的素质影响不大。

③负面带动型

这种类型的财务主管一般有自己的癖好，而且可以鼓动他人也产生与他同样的癖好，使会计主流人群患上同样的"流感"。比如，爱好麻将的主管，有时会在上班时间打麻将，有时会在下班前约好朋友聚会，第二天还兴奋地交谈昨晚的"战果"，带动部分人也跟进交谈，使其他人不得安宁。这类主管的负面影响很大，不但无法提高会计队伍的整体素质，而且可以摧毁整个财务部门的工作效率；由于是主管带头和倡导的，不理智的人跟群，明智的人沉默。

④混合型

混合型主管介于以上 3 种类型之间，属于大众化的人员，对会计群体的影响不是特别突出。

（2）财务主管的选拔

选拔财务主管，不仅要看其专业素质和能力，还要看其对会计主流人群可能产生影响的类型。

①担任财务主管的基本条件

担任单位会计机构负责人（会计主管人员）的，除取得会计从业资格证书外，还应当具备会计师以上专业技术职务资格或者从事会计工作 3 年以上经历。

②专业素质和管理能力要求

《会计基础工作规范》对财务主管的业务素质和能力做了规定："主管一个单位或者单位内一个重要方面的财务会计工作时间不少于 2 年""熟悉国家财经法律、法规、规章和方针、政策，掌握本行业业务管理的有关知识""有较强的组织能力"等。一般来说，财务主管的业务素质应该是会计群体中的佼佼者，具有让人信服的专业技术水平和政策水平，知识结构比较全面，具有把握全局的组织协调能力。

③对会计群体影响的类型选择

应当选择正向引导型的财务主管，以利于会计队伍整体素质的提高，创造和形成积极向上的工作环境；切不可选择负面带动型的主管。

（3）财务主管的专业化

虽然，很多高校的财务主管是由专业人员担任的，但就高校整体而言，如果不改变现行的行政化管理体制，那么财务管理的专业化还有漫长的路要走。高校财务管理的专业化需要具备两个前提条件：一是现实需要；二是管理体制。

随着近几年的发展，高校外部和内部的经济环境都发生了重大的变化。外部环境中，市场经济发展逐步走向完善；内部环境中，虽然计划经济的痕迹还比较明显，但在高校与外部的交互关系中，市场经济的因素已经渗透到了高校，高校内部各种经济关系越来越复杂，特别是融资建设方面，虽然惊人的负债最终由政府出手救助和控制，但已经有了与市场的紧密接触。大规模的融资行为对专业化管理提出了要求，高校财务专业化管理的现实需要条件已基本具备。

现行的高校管理体制是行政管理体制，财务管理是高校行政管理的一部分，财务主管（或负责人）可能是行政长官，不是专业人员。虽然《会计法》明确规定了"担任单位会计机构负责人（会计主管人员）的，除取得会计从业资格证书外，还应当具备会计师以上专业技术职务资格或从事会计工作3年以上经历"，并且《高等学校总会计师管理办法》也对高校财务专业化管理进行了推动，但在现实中，高校财务专业化管理还没有得到全面的推广。会计法规对财务主管的任用条件与干部管理制度不尽一致，有些高校按照会计法的条件任用财务主管，而有些高校则按照干部管理制度的要求任命财务行政领导，高校财务管理专业化的体制条件还未完全具备。

高校财务管理专业化的现实需要条件虽已具备，但体制条件尚未成熟，实现财务专业化管理还需要时间。随着我国市场经济的成熟和高校改革的推进，高校财务实现专业化管理是必然的趋势。

（二）会计人员行为规范管理

财务管理机构的会计人员，有可能为各种利益所驱动，从而冲破职业道德底线，做出对财务管理不利的行为，使管理机构内部产生风险。为了防范机构内部风险，必须建立对会计人员具有普遍约束力的行为规范。会计人员行为规范是指通过对会计人员行为的约束和限制，抑制其不良动机，从而控制可能出现的操纵行为。会计机构和会计人员行为规范表现在"该为"和"不得为"两个方面，以及对"该为不为、不得为而为之"应追究的责任。

1．"该为"的事项

根据《会计法》的要求和高校财务管理实践，"该为"的事项可归纳为以下几个方面。

（1）进行会计核算

会计核算包括款项和有价证券的收付；财物的收发、增减和使用；债权债务的发生和结算；资本、基金的增减；收入、支出、费用、成本的计算；财务成果的计算和处理等经济业务事项。必须填制或者取得原始凭证并及时送交会计机构，根据实际发生的经济业务事项进行会计核算，填制会计凭证，登记会计账簿，编制财务会计报告。

（2）符合制度规定

会计凭证、会计账簿、财务会计报告等会计资料必须符合国家统一的会计制度的规定。高校的财务机构、会计人员必须按照《会计基础工作规范》等国家统一的会计制度的规定对原始凭证进行审核，对不真实、不合法的原始凭证有权不予接受，并向单位负责人报告；对记载不准确、不完整的原始凭证予以退回，并要求对方按照国家统一会计制度的规定予以更正、补充。记账凭证应当根据经过审核的原始凭证及有关资料编制。

高校发生的各项经济业务事项，应当在依法设置的会计账簿上进行统一登记、核算。会计账簿登记，必须以经过审核的会计凭证为依据，并符合有关法律、行政法规和《高等学校财务制度》《高等学校会计制度》的规定。

高校的财务会计报告应当根据经过审核的会计账簿记录和有关资料编制，并符合国家统一制定的关于财务会计报告的编制要求、提供对象和提供期限的规定，向不同的会计资料使用者提供的财务会计报告，其编制依据应当一致。财务会计报告应当由单位负责人和主管会计工作的负责人、会计机构负责人（或会计主管）签名并盖章；设置了总会计师的单位，还须由总会计师签名并盖章。单位负责人应当保证财务会计报告真实、完整。

（3）定期核对账款

高校应当定期将会计账簿记录与实物、款项及有关资料相互核对，保证会计账簿记录与实物及款项的实有数额相符、会计账簿记录与会计凭证的有关内容相符、会计账簿之间相对应的记录相符、会计账簿记录与会计报表的有关内容相符。高校财务机构、会计人员发现会计账簿记录与实物、款项及有关资料不相符的，有权自行处理的，应当及时处理；

无权处理的，应当立即向单位负责人报告，请求查明原因，做出处理。

（4）特殊情况说明

高校采用的会计处理方法，前后各期应当一致，不得随意变更。确有必要变更的，应当按照国家统一的会计制度的规定变更，并将变更的原因、情况及影响在财务会计报告中加以说明。单位提供的担保、未决诉讼等或有事项，应当按照国家统一的会计制度的规定，在财务会计报告中予以说明。

（5）建立会计档案

高校对会计凭证、会计账簿、财务会计报告和其他会计资料应当建立档案，妥善保管。会计档案的保管期限和销毁办法，由国务院财政部门会同有关部门制定。

（6）依法管理

单位负责人应当保证会计机构、会计人员依法履行职责，会计机构、会计人员对于不符合会计制度规定的事项，有权拒绝办理或者按照职权予以纠正。单位和个人有权检举违反会计法的行为。有关部门有权处理的，应当依法按照职责分工及时处理；无权处理的，应当及时移送有权处理的部门。有关负责部门应当为检举人保密。

（7）如实提供资料

根据有关法律法规的规定，高校必须接受监督检查部门依法实施的监督检查，应当如实地向受委托的会计师事务所提供会计凭证、会计账簿、财务会计报告和其他会计资料。

2."不得为"的事项

根据《会计法》的要求和高校财务工作实践，"不得为"的事项可归纳为以下几个方面。

（1）不得弄虚作假

单位和个人不得以虚假的经济业务事项或者资料进行会计核算。

（2）不得伪造变造

单位和个人不得伪造或变造会计凭证、会计账簿以及其他会计资料，不得提供虚假的财务会计报告。

（3）不得私设账簿

不得违反国家统一的会计制度的规定，不得私设会计账簿进行登记、核算。

（4）不得授意指使

单位负责人不得授意、指使、强令会计机构、会计人员违法办理会计事项。

（5）不得泄露检举人信息

收到检举材料的部门、负责处理的部门，不得将检举人姓名和检举材料转给被检举单位和被检举人个人。

（6）不得非法要求

单位或者个人不得以任何方式要求或者示意注册会计师及其所在的会计师事务所出具不实或者不当的审计报告。

（7）不得拒绝、隐匿、谎报

单位和个人应如实提供会计凭证、会计账簿、财务会计报告和其他会计资料，接受有关监督检查部门依法实施的监督检查，不得拒绝、隐匿、谎报。

（三）会计人员岗位控制

财务机构（会计机构）的内部风险主要来自两个方面：一是因会计人员及会计主管业务素质低而发生的差错或失误所带来的经济风险；二是会计人员职业道德缺失而发生的犯罪行为所带来的经济损失。这两种风险都跟管理不善和岗位控制不严有关，但经济犯罪比起差错和失误后果更加严重，如何防范犯罪行为的发生与提高会计人员职业素质同等重要。应当对人员进行合理的岗位分工，建立会计岗位经济责任制，实行岗位轮岗制度以阻断危害行为的惯性延续，通过设置账务处理程序，使业务在不同岗位之间互相监督，最终达到控制会计行为、降低内部经济风险、防范犯罪行为发生的目的。

1. 会计岗位责任制

会计岗位责任制，主要是设置每个会计岗位的职责，并对每个岗位进行年度考核，根据考核结果采取相应的奖惩措施，以达到分工明确、责任落实的控制目标，更好地发挥每个会计人员的积极性和能动性，提高工作效率和工作质量。

（1）岗位职责的设定

会计岗位职责是指每个会计岗位应该完成的任务及应当承担的经济责任和风险。

①行政或业务主管类岗位职责

第一，财务机构负责人岗位职责。财务机构负责人的岗位职责大体可归纳为以下内容：负责会计机构工作的职责；财务规章制度的制定、贯彻和监督职责；预、决算工作职责；收支管理职责；协调沟通职责；会计人员管理职责等。

负责会计机构工作的职责，即在校长或主管财务副校长的领导下，全面负责财务机构工作，制订年度工作计划，参与学校经济决策及有关经济协议的拟订，对经济事项进行把关，当好管理层的经济参谋。

财务规章制度制定、贯彻和监督职责，即贯彻执行《会计法》及其他财经法律法规、规章制度，根据学校的具体情况制定学校内部财务管理制度和管理办法，督促检查学校各项财务规章制度的执行情况。预、决算工作职责，即根据学校教育事业发展规划和《预算法》的要求，编制学校年度收支预算方案，初步审核学校财务预算编制情况、年终决算及报表编制情况，及时向有关部门及管理层提供财务报表和其他综合性财务资料。

收支管理职责，即合法、合理地组织各项收入，按照勤俭的原则，节约使用预算经费，对各项支出口径及重大事项支出进行把关，提高经费使用效益。

协调沟通职责，即负责同财政、税务、物价、银行等机构的联络，以及同校内其他部门的沟通协调工作，负责审定对外提供的会计资料，定期或不定期地向校领导汇报财务收支情况，向校内各部门通报本部门预算执行情况。做好各科室、岗位之间的协调工作，使信息上传下达。

会计人员管理职责，即负责会计人员职业道德教育，组织会计人员参加业务培训，为会计人员参加业务培训和自学创造条件，提高会计人员的技术水平和服务质量，实现会计管理科学化；监督检查会计人员履行职责及工作完成情况；应用现代信息技术，实现财务管理和会计核算的信息化、网络化；对本部门的会计工作，实行宏观控制和监督。

第二，会计主管岗位职责。会计主管岗位职责包括以下内容：配合会计机构负责人做好各项业务；协调科室内部各会计岗位的工作；与其他科室进行沟通，协调相关工作；起草与科室业务相关的文件，接受各类检查；承担各岗位考勤统计和会计人员继续教育管理；负责做好学校资金筹集的具体工作等。

②财务管理类岗位职责

第一，预算管理岗位职责。负责编制学校年度预算、预算指标分解下达和预算调整；负责预算凭证的编制、审核、录入以及各单位的经费卡（或本）的制作和管理等工作；配合财务主管做好经费支出管理和部门经费预算控制，检查各预算执行单位的预算执行情况，定期对预算执行情况进行分析；负责二级学院的收入分配管理，以及学校财政专户的上缴、返拨及账务核对工作等。

第二，收入管理岗位职责。负责申请财政预算拨款，核对预算拨款进度，以及各类收入款项的催收和入账工作等。

第三，学生收费管理岗位职责。负责学生学费、住宿费、考试考务费、报名费等各类事业性收费及代办费的管理工作。办理收费标准的申报、收费许可证的变更和年检，保管好收费文件。与招生部门配合，及时获取新生名单，建立学生收费数据库，做好学生收费的入账和数据库管理工作。负责学费的收取、退回及票据打印、发放、统计、催缴以及收费软件的管理等工作；报告学生收费进展和学生欠费情况；处理学生退学、休学、转专业等情况的学费结算。负责奖学金、助学贷款等的发放；配合学生资助管理中心做好学生助学贷款的相关工作等。

第四，固定资产管理岗位职责。负责审核固定资产申购的手续；办理固定资产入库登记、建账、立卡；定期进行固定资产盘点和清查，对报废资产办理报废手续并予以处理；固定资产账与实物的核对等。

第五，票据管理岗位职责。负责财政和税务各类发票的申购和管理，校内领用票据的审核和登记，办理使用后的票据核销手续；负责物价、税务部门的年检、年审工作等。

第六，档案管理岗位职责。负责会计记账凭证、账簿、其他会计资料的打印和装订；会计档案的整理、立卷、归档和查阅等工作；负责文件的签收、处理、装订、立卷、保管和归档工作等。

第七，财务系统管理岗位职责。负责财务系统数据库软硬件运行情况的检查和维护，及时排除运行过程中发现的故障，确保系统的正常运行；根据财务软件的特点和学校的财务要求，及时对财务软件进行设置和更新；负责财务处数据及各类电子账表凭证、资料的备份，做好财务电子数据的整档、存档工作等。

③会计核算类岗位职责

支出审核及凭证制单岗位职责。严格要求会计人员按照《会计法》《会计基础工作规范》和国家及校内各项财务规章制度，办理会计核算业务；审核原始凭证、录入财务电算化系统、生成记账凭证、打印记账凭证。负责接受内部核算单位的账务查询、业务咨询等。

会计报表岗位职责。负责编制会计月报、年终决算报表，负责撰写财务报告和报表数据的分析工作等。

科研项目核算岗位职责。负责学校科研（含纵向、横向）项目经费的核算与管理，科研项目原始凭证审核、录入财务电算化系统、生成记账凭证和会计账簿；控制经费的使用和支出，查询科研经费的使用情况；科研课题结题后，负责填制结题收支报表等。

基建项目核算岗位职责。负责学校基建项目会计审核、录入及相关账户的处理；对基建资金的使用情况提出分析和建议；参与基建项目的招投标、工程项目的预决算工作，参与起草有关基建项目资金支出的财务规章制度等。

工资核算岗位职责。负责工资、奖金津贴等清册的打印，并发放或转入职工工资卡，以及个人所得税扣缴、申报和相关报表的填报等工作；职工各类社保的缴交；职工公积金的汇缴、转移、调整和支取等工作。

材料核算岗位职责。对实验材料、教学材料、办公用品、维修材料等进行进出仓核算；制订材料采购计划，根据材料管理办法的规定，办理出入库手续；定期和保管员进行仓库材料盘点，每月上报材料变动、消耗明细表等。

往来款清算岗位职责。暂存暂付款、应收应付款的结算和清理；发送债权债务核对函，及时结清学校的债权债务。

④资金结算类岗位职责

现金出纳岗位职责。负责现金或现金支票的收付，按《现金管理暂行条例》的规定，根据复核人员打印并签章的收付凭证，办理款项收付业务；将每日收入的现金及时存入银行，每日登记现金日记账，日终现金盘点，做到日清月结；做好有价证券的保管等。

非现金出纳岗位职责。负责银行账号和银行支票的管理；做好转账支票、网上银行电子支票的收付工作，并及时记账；每日终了登记银行存款日记账，核对当日收付款项，随时核对银行存款余额，做到日清月结；月末及时与银行对账单进行核对，填制银行余额调节表，及时处理未达账项；负责支票的保管及收款票据填制。

⑤稽核、复核岗位职责

复核岗位职责。复核电算化流水作业中的原始凭证，核对记账凭证科目和金额，核对付款支票金额和账号等。

稽核岗位职责。对所有财务资料进行稽核。

（2）岗位考核和奖惩管理

岗位考核和奖惩管理是对岗位职责履行情况的评价和控制。

会计技术岗位考核。一年考核一次，按"德（职业道德）、勤（出勤及敬业）、能（工作能力）、技（专业技术水平）"等指标进行考核。考核应经过自我评价、其他工作人员评价、业务主管和机构负责人评价的程序，最后进行综合评价。

奖惩。根据岗位考核情况，制定相应的奖惩办法，对于尽职尽责人员给予奖励，对不能尽职尽责人员给予一定的惩戒。

在具体措施上，对工作表现好、岗位考核优秀的会计人员除给予一定经济上的奖励外，在职称评聘、升职等方面应予以优先考虑。对于工作表现不好、岗位考核差的会计人员，除了扣除奖金外，可以考虑轮岗到其他适合的非会计岗位。

2. 会计岗位轮岗制度

为了加强各岗位之间的相互学习，了解和掌握每个岗位的具体业务特点，全面提高会计人员的综合素质，会计人员应在各会计岗位之间进行定期轮换，即实行会计岗位轮岗制度，会计轮岗一般为2~4年轮换一次。

（1）财务机构负责人轮岗

在高校会计轮岗中，最为棘手的问题是财务机构负责人轮岗。如果财务机构负责人是财务专业人员，那么轮岗到其他部门会专业不对口；如果是非财务专业人员的其他部门负责人轮岗到财务机构，则会因为专业不熟悉，不利于高校财务机构的管理。因此，财务机构负责人由财务部门内部培养和替换，不失为一个可以权衡利弊的办法。

财务机构负责人轮岗，一般3年一次，最长不应超过6年。从高校财务管理的实践看，在负责人的岗位上时间太长，人会变得麻木和惯性，即使出现经济风险也很难发觉。在岗时间越长，积累的管理漏洞和不完善问题可能越多，出现经济风险的概率也会增大。如果6年内进行岗位轮换，工作中的漏洞和风险就会因岗位的轮换而被及时发现或阻断，高校可以避免由此带来的经济损失和不良影响。

（2）财务主管（科级干部）轮岗

财务主管（科级干部）轮岗，可以在财务机构内部进行，也可以根据个人意愿轮岗或提升到其他部门，不再从事财务工作，但轮岗到其他部门的人员除非不是专业人员，否则对财会队伍的建设不利。为了与财务机构负责人轮岗相互协调，财务主管三年轮岗一次比较合适。

（3）一般会计人员轮岗

一般会计人员轮岗主要还是在财务机构内部进行，财务部门可供轮换的会计岗位较多，因此一般会计人员轮岗的时间不应太长，2~3年轮岗一次比较好，可以全面了解各岗位的工作。

二、新形势下高校会计职务犯罪的风险与防范

（一）高校会计人员职业道德的重要性

1. 职业道德是《会计法》的重要补充

《会计法》虽规定了会计人员的义务和责任等，但《会计法》的条款是有限的，不可能面面俱到。而且一些道德规范不好写进条款，如爱岗敬业、强化服务等。这些规范只有

作为道德让会计人员自行遵守，而不能成为一种强制手段去约束员工，更何况爱岗敬业等根本就不能量化也无从考察。因此，职业道德是《会计法》的重要补充，在很多法律没有涉及也涉及不了的领域，可以用职业道德去约束员工，能让员工进一步地遵守《会计法》，并且把自己的工作做得更好。

2. 职业道德能够让员工齐心协力为学校的共同目标奋斗

人力资源是一种无形的资源，是一个学校发展壮大的基础和动力。只有加强人才的培养，引进高素质人才，高校才能获得更好的发展。职业道德让员工更加做好自己，同时不断提高自身的业务水平，参与管理。对于高校来说，会计人员遵循职业道德能够使科研经费得到良好的管理，同时，也能控制高校的收入与支出，使高校的财务制度变得更加合理。

（二）财务职务犯罪的内涵

财务职务犯罪是指国家机关、国有公司、企事业单位、人民团体中的工作人员或者受以上单位委托管理、经营国有财产的人员利用财务职务上的便利，进行非法活动或者对工作严重不负责任，不履行或者不正确履行职责，破坏国家对职务的管理职能，依照《刑法》应当受到处罚的行为的总称。他们侵害的是国家对职务活动的管理职能，如玩忽职守，给公共财产、国家和人民利益造成重大损失的，就构成犯罪。

（三）财务职务犯罪的防范对策

分析当前财务人员职务犯罪的特点，无论是主观原因还是客观原因，归根结底还是内因（人）在起决定作用，机制缺失、制度疏漏、管理不善、监督乏力，反映会计管理工作未能走进人心，未能唤起自我责任心。因此，只有加大力度预防财务职务犯罪的发生，才能防止国有资产流失，才能降低政府运行成本，达到建设节约型政府、维护社会主义市场经济秩序、构筑和谐社会的最终目的。

1. 充分发挥财务人员主观能动性，加强会计人员的工作责任心

一是要针对会计管理工作中的"矛盾点"，狠抓单位内部控制机制的构建，建立健全各项规章制度，实施财务收支活动的全程管理，加大力度对经济活动进行监督，以减少产生违法会计行为的人为因素干扰；二是要探求时代特征的"共鸣点"，会计人员应坚持会计职业道德，实事求是、客观公正、不偏不倚地处理各种会计业务，做诚实守信的人；三是要固守"限制点"，在会计管理工作中，要把财务人员的个人思想和行为引导在有利于社会、有利于人民的范围内活动，并在进行自我意识时不出格、不越轨、不过界、不偏向，即要严格把守党和国家的财经方针、政策和制度，克服随心所欲、各行其是的弊端。只有这样，才能使会计管理工作走进人心，并与自我意识具有"同化效应"。

2. 依法保障财务人员履行职责，鼓励会计人员坚持原则

由于会计人员承担着处理各种利益关系的重要任务，在依法行使职权时往往会受到各方面的阻挠、干扰，有时甚至被打击报复，严重的还会出现生命危险。为了保护会计人员的合法权益，鼓励会计人员坚持原则、依法做好本职工作，国家应该对会计人员采取特别的法律保护措施，包括明确责任主体、明确法律责任、解决在工作中坚持原则遭打击报复的会计人员的后顾之忧，对做出显著成绩的会计人员给予表彰奖励等，从而提高会计人员的社会地位，激发其依法做好本职工作的积极性。

3. 着重培养财务人员的业务素质，提高其自我认识、自我控制和自我评价的能力

（1）加强业务素质培养

会计是一门不断发展变化、专业性很强的学科，会计工作的好坏取决于会计人员素质的高低。建立一支高素质的财会队伍，加强财务人员职业道德教育和业务培训，是保证会计机构和会计人员依法履行职责的重要基础。因此，要有效预防和有效控制财务人员职务犯罪，必须从以下4个方面加强：一是加强政治素质培养，树立共产主义理想观念；二是加强道德素质培养，能正确处理国家、集体和个人三者之间的关系；三是加强智能素质培养，积累一定的文化知识基础；四是加强能力素质培养，使之与所从事的会计工作相适应。

（2）加强自我管理能力的培养

这里所说的自我管理，不是一种脱离一切的自我行为，它是要在党的领导下进行的。提倡财务人员进行自我管理，就是要求财务人员从自我的角度去自觉执行党的路线、方针、政策和制度。要摆正个人和党、国家、集体利益的关系，特别是当个人利益与之发生矛盾或冲突时，应无条件地服从党的利益、国家的利益、集体的利益。制度的约束是他律，它再完备，没有人去认知、执行，也不会起作用。只有充分发挥人的主观能动性，自觉地认识、执行制度，才会把他律内化为自律。这个内化过程需要提高个体的自我管理能力。其途径主要有：一是提高自我认识能力。财务人员管的是纳税人的钱，应该本着对国家、对人民负责的态度，正确行使自己手中的权力。作为财务人员应该了解自己的才能，不断学习，不断进取，才能跟上时代的步伐，符合岗位工作的需要。二是提高自我约束能力。财务人员应筑牢心理防线，杜绝诱惑，凭良心做人，凭党性办事。身为财务人员，每天接触的是大量的金钱，最重要的就是管好自己的心莫贪，管好自己的手莫拿。三是提高

自我评价能力。财务人员应对自己的思想行为进行评价。身为财务人员，要认真审查自己的言行，知道哪项工作做对了，为什么能做对，要进行深入思考。对自己做错的地方深刻剖析原因，避免同类情况的发生。四是提高自我教育能力。即对自己进行教育，肯定做对的方面，正视工作中的不足，想方设法加以改正。在自我教育方面，财务人员应做一个品德高尚的人，在任何情况下都要自觉按照职业道德规范约束自己。

4. 从制度角度出发，建立健全保障高校会计人员职业道德的制度体系

（1）完善会计法律制度及职业道德规范，加强会计职业道德的制度保障

会计职业道德是会计法律制度得以正常运行的社会和思想基础，而会计法律制度是促进会计职业道德规范形成和遵守的制度保障。目前，凡是会计法律制度不允许的会计行为，都是会计职业道德所谴责的行为，但违背会计职业道德的行为未必违反会计法律制度。可见，完善会计法律制度可以从增加具体的、可实施的违背会计职业道德的条文开始，明确违背者所应承担的法律责任，通过赋予法律属性的方式来增强其强制性。此外，对会计职业道德规范应当进行补充与完善，具体的应该在财政部门的支持下由会计职业机构主导，结合各行业的会计行为特点进行制定、颁布与监督。其中，应当将高校单独作为一类会计主体进行分析，结合高校会计人员的执业特点制定出切实可行的会计职业道德准则或规范，为提高高校会计人员职业道德水平提供可靠的制度保障。

（2）完善高校内部控制制度，减弱会计人员的机会主义倾向

内部控制制度是一种试图通过产权的界定，来合理配置财力、物力及人力的一种博弈规则，完善高校内部控制制度可以通过公平合理的产权界定和约束，来减弱会计人员的机会主义倾向。具体可以从以下几个方面进行完善：第一，进一步完善不相容职务分离制度，合理设置会计及相关工作岗位，明确其职责权限，形成相互制约的机制。这是高校最难完善的制度，也是最容易出现错误和舞弊行为的地方。第二，完善授权审批制度。高校内部的各个部门必须在授权范围内行使职权和承担责任，师生及职工也必须在授权范围内办理业务。授权审批不当是近年来高校发生重大经济舞弊案的主要原因，高校要根据实际工作需要进行授权，建立有效的授权批准体系。第三，加强内部审计制度。高校应建立内部审计部门，对会计人员执业行为进行审核与监督。内部审计是监督、检查和评价内控制度的质量和效果的手段，同时也是保证会计资料真实、完整的重要措施。

（3）健全高校会计职业道德的外部监督机制，提高违背职业道德的社会成本

外部监督机制是对内部控制的再控制，可以有效改善会计职业道德的整体环境，提高高校会计人员违背职业道德的社会成本。健全高校会计职业道德的外部监督机制，最重要

的是明确外部监督主体并明确划分其监督责任。目前，对高校会计职业道德进行监督的主要是各级财政部门，由于财政部门分管的领域较多，事务繁杂，对高校的监督极为有限。我国应当借鉴国外的做法，在会计学会、总会计师学会等职业组织中设立会计职业道德委员会，赋予其对各高校等事业单位的会计职业道德进行监督审查的权利，以及对涉及会计职业道德的案件进行处理的权利。此外，应当号召各级分管教育、文化、科技等的党政部门，相互配合，把监督高校会计人员职业道德纳入其管理计划之中。再者，应当明确各级组织、广大群众以及新闻媒体的监督权力及义务，社会各界共同形成一种完善的外部监督机制，才能有效地搞好高校会计职业道德建设。

参考文献

［1］方芸. 高校财务风险预警与防范策略研究基于内部控制视角［M］. 北京：知识产权出版社，2017. 11.

［2］卞文英. 高校财务管理研究［M］. 北京：中国纺织出版社，2017. 12.

［3］陈健颖. 高校财务理论与管理艺术［M］. 长春：吉林美术出版社，2017. 08.

［4］孙谦，王娜. 高校财务治理的实证研究［M］. 哈尔滨：哈尔滨工程大学出版社，2017. 11.

［5］王琛. 新时期高校财务管理问题研究［M］. 长春：吉林大学出版社，2017. 01.

［6］马志峰，韩凯，李靖. 高校财务管理研究［M］. 北京：九州出版社，2017. 06.

［7］麦穗亮. 高校财务管理与绩效管理［M］. 哈尔滨：东北林业大学出版社，2017. 05.

［8］张小军. 高职院校财务管理的理论与实践［M］. 昆明：云南大学出版社，2017. 12.

［9］李莉. 高校内部审计思考理论与实践研究［M］. 长春：吉林大学出版社，2017. 09.

［10］乔春华. 高等教育供给侧改革的财务视角［M］. 南京：东南大学出版社，2017. 07.

［11］刘罡. 高校财务内部控制实务［M］. 北京：中国农业大学出版社，2018. 03.

［12］徐峰. 现代高校财务管理的实施与监督［M］. 长春：东北师范大学出版社，2018. 05.

［13］吴海燕. 新时代高校财务管理创新理念与实践探索［M］. 青岛：中国海洋大学出版社，2018. 06.

［14］孙杰. 高校财务管理创新理念与关键问题探索［M］. 长春：吉林大学出版社，2018. 01.

［15］艾琦. 高校财务预算综述［M］. 延吉：延边大学出版社，2018. 08.

［16］王继惠. 高校财务治理的实证研究［M］. 长春：吉林大学出版社，2018. 05.

［17］盛莉莉. 高校财务能力建设研究［M］. 北京：九州出版社，2018. 02.

［18］吴剑英. 高校财务成本控制与风险研究［M］. 长春：吉林大学出版社，2018. 07.

［19］ 姚凤民. 新时期高校财务服务与财务管理改革研究［M］. 北京：经济科学出版社，2018. 10.

［20］ 陈波. 我国高校财务管理创新与国际经验借鉴［M］. 北京：国家行政学院出版社，2018. 08.

［21］ 陈熹. 高校廉政风险财务防控机制构建［M］. 延吉：延边大学出版社，2018. 09.

［22］ 党荣. 高校财务管理创新问题研究［M］. 长春：吉林大学出版社，2018. 09.

［23］ 张远康. 新时期高校财务管理问题研究［M］. 天津：天津科学技术出版社，2019. 05.

［24］ 刘芬芳，梁婷. 新时期高校财务管理问题研究［M］. 太原：山西经济出版社，2019. 12.

［25］ 洪涛，戴永秀，王希. 高校财务内部控制建设与风险防控体系研究［M］. 北京：中国财富出版社，2019. 03.

［26］ 陈健美. 加强监督提高效益我国高校财务管理的改革与创新研究［M］. 沈阳：沈阳出版社，2019. 01.

［27］ 撒晶晶. 高校财务管理实务［M］. 昆明：云南科技出版社，2019. 12.

［28］ 黄仁同. 高校财务风险管控研究［M］. 长春：吉林大学出版社，2019. 06.

［29］ 王庆龄. 高校财务管理实践与创新［M］. 延吉：延边大学出版社，2019. 07.

［30］ 曹红霞. 高校财务管理与成本控制［M］. 长春：吉林人民出版社，2019. 09.

［31］ 韩广海. 我国高校财务管理的问题研究［M］. 长春：东北师范大学出版社，2019. 05.